Reflexões sobre o socialismo

FUNDAÇÃO EDITORA DA UNESP

Presidente do Conselho Curador
Mário Sérgio Vasconcelos

Diretor-Presidente
José Castilho Marques Neto

Editor-Executivo
Jézio Hernani Bomfim Gutierre

Conselho Editorial Acadêmico
Alberto Tsuyoshi Ikeda
Áureo Busetto
Célia Aparecida Ferreira Tolentino
Eda Maria Góes
Elisabete Maniglia
Elisabeth Criscuolo Urbinati
Ildeberto Muniz de Almeida
Maria de Lourdes Ortiz Gandini Baldan
Nilson Ghirardello
Vicente Pleitez

Editores-Assistentes
Anderson Nobara
Jorge Pereira Filho

Maurício Tragtenberg

Reflexões sobre o socialismo

8ª edição revista

Coleção Maurício Tragtenberg
Direção de Evaldo A. Vieira

© 2006 Beatriz Romano Tragtenberg

Direitos de publicação reservados à:

Fundação Editora da Unesp (FEU)
Praça da Sé, 108
01001-900 – São Paulo – SP
Tel.: (0xx11) 3242-7171
Fax: (0xx11) 3242-7172
www.editoraunesp.com.br
www.livrariaunesp.com.br
feu@editora.unesp.br

1ª edição – 1986, Moderna
7ª edição – 1991, Moderna

CIP – Brasil. Catalogação na fonte
Sindicato Nacional dos Editores de Livros, RJ

T685r
8.ed.

Tragtenberg, Maurício, 1929-1998
 Reflexões sobre o socialismo / Maurício Tragtenberg. –
8.ed. rev. – São Paulo: Editora Unesp, 2008. (Coleção Maurício Tragtenberg)

 ISBN 978-85-7139-817-7

 1. Socialismo. I. Título. II. Série.

08-1376.   CDD: 335
                                                             CDU: 321.74

Editora afiliada:

Sumário

Apresentação 7

O porquê deste livro 9

1 A autogestão das lutas operárias 13

2 A Primeira Internacional 27

3 A Segunda Internacional 35

4 A Revolução Russa e a Terceira Internacional 45

5 A Rebelião de Kronstadt 49

6 Makhnovistchina: uma revolução na Revolução 53

7 O capitalismo de Estado na URSS 61

8 A luta pela autogestão no Leste Europeu 65

9 Uma resposta operária ao capitalismo
de Estado na Polônia 73

10 O eurocomunismo 81

11 A prática da autogestão econômico-social na Espanha 91

12 O papel do partido político 97

13 O papel do sindicato 103

Cronologia 105

Parte suplementar 107

Glossário 129

Referências bibliográficas 133

Apresentação

Os trabalhos de Maurício Tragtenberg se caracterizam pela erudição meditada, a heterodoxia tolerante e autonomia intelectual. Estes são traços constantes numa obra sempre influente, dispersa em longo período de tempo e variada no assunto, mas que preserva sua agudeza e atualidade de maneira, por vezes, dramática.

Justamente por isso, com o intuito de preservar e mais divulgar as contribuições deste autor, falecido em 1998, a Editora Unesp apresenta ao público a COLEÇÃO MAURÍCIO TRAGTENBERG, composta pela parcela mais representativa de tudo que produziu: seus livros; ensaios publicados em revistas, especializadas ou não; ensaios incluídos em trabalhos coletivos; prefácios e introduções. São também inseridos na COLEÇÃO os artigos saídos esparsamente na imprensa e os escritos destinados apenas à coluna jornalística "No Batente".

Esta reunião de obras impôs certos cuidados formais aos quais se voltaram tanto o coordenador da COLEÇÃO como a Editora

Maurício Tragtenberg

Unesp, a saber: restabelecimento de textos por meio de comparação com originais; eventuais notas; compilação de artigos; revisão e demais procedimentos necessários a uma edição sólida, que esteja à altura de seu conteúdo e respeite a visita do pesquisador/leitor a este marco da produção intelectual brasileira.

Coordenador da Coleção e Editor

O porquê deste livro

O objetivo deste trabalho é mostrar o processo histórico das lutas dos trabalhadores, isto é, as lutas operárias condicionadas pelo tempo e lugar, oscilando entre a capacidade que têm de criar novas relações sociais igualitárias e sua deformação em relações desiguais, hierárquicas, quando os partidos ou aparelhos políticos substituem os trabalhadores na direção das suas lutas.

À medida que se desenvolve, a luta operária cria estruturas igualitárias de ação coletiva que entram em antagonismo direto com as relações sociais existentes na sociedade atual.

A classe trabalhadora cria os embriões do socialismo pela prática da ação direta contra o capitalismo, unificando decisão e planejamento e eliminando a divisão tradicional de trabalho entre os que pensam e os que fazem, entre os dirigentes e os dirigidos.

Essa é uma tendência que aparece nos momentos decisivos da luta dos trabalhadores: na Comuna de Paris (1871), na Revolução Russa de 1917, nas revoluções Alemã e Húngara de 1918, na Guerra Civil Espanhola (1936-1939), no Movimento de Maio de 1968 na Europa, e na criação do sindicato Solidariedade na Polônia (1978); toma a forma de comissões de fábrica (sovietes, conselhos), visando dirigir a vida econômica, política e social.

O sistema capitalista, ao mesmo tempo em que submete os trabalhadores a uma hierarquia, ao trabalho disciplinado e à divisão de tarefas, unifica-os no interior das unidades de produção, nas linhas de montagem, de onde emerge o "trabalhador coletivo". Em períodos de mudança social, esse trabalhador se auto-organiza pelos critérios da "democracia direta", na elegibilidade e revogabilidade de seus representantes, todo o poder concentrado na assembleia geral.

A "democracia direta" acaba por ser a matriz de novas relações sociais, pois elimina os intermediários, quer sejam administradores tecnocratas na esfera econômica, quer sejam políticos profissionais na esfera política. Criam-se, assim, condições de eliminação do Estado que, a pretexto de "defender" a sociedade, oprime-a cada vez mais.

A "democracia direta" rompe o monopólio da informação, o sigilo deixa de ser a arma de poucos contra a maioria. A "libertação dos trabalhadores deve ser obra dos próprios trabalhadores", como definiam os fundadores da Associação Internacional dos Trabalhadores (AIT), pois trabalhador não luta por delegação, luta por si próprio; caso contrário, há um arremedo de luta que, na realidade, é manipulação de minorias vanguardistas.

Outro objetivo é mostrar que não são as reivindicações — sejam elas econômicas ou políticas — que definem o caráter revolucionário de uma luta, mas sim a associação igualitária dos trabalhadores nesse sentido. As novas relações sociais criadas são a matriz do processo revolucionário.

A auto-organização operária é temida tanto pela repressão a serviço do *status quo*, como pela esquerda tradicional, sendo que ambas pretendem, por meio da burocratização e da manipulação da informação, manobrar as organizações operárias. Daí as relações socialistas serem fruto da auto-organização operária unida à consciência social que os trabalhadores tenham de sua prática.

Reflexões sobre o socialismo

Pretende-se mostrar que o socialismo está longe de ser o objetivo final da luta operária, mas que está vinculado a cada momento dessa luta, a cada período histórico determinado. E não se trata de valorizar as lutas políticas, desprivilegiando as lutas econômicas, mas sim mostrar que elas representam uma unidade no processo da luta dos trabalhadores. Nesse sentido, pode-se dizer que a vanguarda da classe é a própria classe.

Visa-se mostrar também que as lutas operárias pela autogestão econômica, social e política assumem uma forma internacional, assim como é a economia no século XX.

Objetiva-se mostrar que a criação de partidos políticos operários ou socialistas se deu com o advento da Segunda Internacional, fundada em 1889, pouco depois de as forças do capital terem esmagado a Comuna de Paris (1871). Os partidos socialistas integrantes da Segunda Internacional eram contra a gestão econômica e política pela classe operária. Desenvolve-se, então, uma tecnocracia que aspira ao poder político em nome dos operários.

Qual o destino desses partidos? Na sua maioria são minorias organizadas. Os partidos de massa tornam-se interclassistas, agrupando classes sociais com interesses contraditórios, tornam-se os partidos da "ordem", como é o caso dos partidos comunistas da Itália e da França.

A fundamentação ideológica dessa tecnocracia dirigente está na célebre "teoria da vanguarda" de Karl Kautski, principal teórico da Segunda Internacional, desenvolvida por Lenin após a Revolução Russa de 1917. Segundo essa teoria, o proletariado entregue a si mesmo chega somente a uma visão economicista do processo social; a consciência política lhe é injetada "de fora" pela vanguarda, que fala em seu nome, pela voz dos intelectuais portadores da ciência e do conhecimento.

Essa teoria da nulidade operária se autoconcebe independente do modo de vida operário, como se pudesse haver consciência independente da existência social numa época, num país e numa classe determinada.

Procura-se mostrar, ainda, que a história das lutas operárias é também a história da "ultrapassagem" dos partidos pela classe trabalhadora, desenvolvendo esta suas próprias organizações autogeridas. Nesse momento, os partidos tornam-se desnecessários. Os tradicionais partidos de esquerda têm integrado os trabalhadores em organizações burocráticas que lutam pelo poder. E se e quando o conseguem, estatizam os meios de produção, guindando tecnocratas aos cargos de direção, e a essa estatização chamam de "socialização dos meios de produção".

A estatização dos meios de produção, a preservação do salariado como forma de remuneração do trabalho, o controle do processo produtivo pela tecnocracia, o partido político no cume do Estado, são práticas dominantes na URSS, na China, em países do Leste Europeu e em Cuba. Houve uma revolução? Sim. A propriedade privada dos meios de produção foi substituída pela propriedade estatal dos mesmos, só que gerida por uma burocracia que tem no partido — seja socialista (PS), seja comunista (PC) — seu principal instrumento de disciplinação do trabalhador.

A existência da Oposição Sindical na URSS e a luta do sindicato Solidariedade na Polônia representam o "não" dos trabalhadores a essa nova estrutura de exploração do trabalho e dominação sobre o trabalhador. Esses movimentos mostram que existe, nesses países, uma ditadura sem o proletariado ou sobre ele. Razão pela qual, aí, nunca o socialismo esteve em perigo, pois nem sequer existe.

Em resumo, procura-se definir um otimismo revolucionário: as lutas sociais podem tender à burocratização e à perda de suas finalidades iniciais, mas há sempre alguém — a classe trabalhadora — que reage a isso, criando suas entidades igualitárias e novas relações sociais antagônicas à burocratização. Se o leitor conseguir entender essas tendências, o objetivo deste trabalho terá sido atingido.

Maurício Tragtenberg

1
A autogestão das lutas operárias

O problema do socialismo coloca-se ante a existência real da luta de classes entre exploradores e explorados, entre opressores e oprimidos. Socialismo implica auto-organização, associação, autogestão operária.

A autogestão não é um objetivo da sociedade capitalista, seja na forma do capitalismo privado, seja na forma livre-concorrencial, monopolista ou estatal. Ela significa que o proletariado e os assalariados em geral gerem por si mesmos suas lutas, através das quais se conscientizam de que podem administrar a produção e criar novas formas de organização do trabalho. Em suma, que podem colocar em prática a "democracia operária".

O predomínio da autogestão nos campos econômico, social e político manifesta-se sempre que os trabalhadores aparecem como sujeitos revolucionários. São os períodos de ascensão dos movimentos de massas que tomaram forma na Comuna de Paris de 1871, na Revolução Russa de 1917, na Guerra Civil Espanhola de 1936, nas rebeliões de 1918 na Hungria, e na criação do sindicato Solidariedade (1978) na Polônia.

A causa motriz desses movimentos sociais foi a luta contra a exploração, fosse praticada pelo capital privado, fosse pelo capitalismo de Estado.

O caráter anticapitalista e socialista da luta operária não se mostra simplesmente nas reivindicações colocadas em pauta, mas também no fato de o proletariado, no processo da luta, criar "organizações horizontais", igualitárias — comitês de greve, comissões de fábrica, conselhos operários.

O que corrói o capitalismo é a criação dessas organizações, pois elas negam o verticalismo dos organismos existentes, seja o Estado, o partido ou o sindicato. Estes são despojados de sua finalidade de controle da mão de obra, através da ação direta dos trabalhadores.

Por mediação das instituições criadas no processo político-social, a classe operária possui a autogestão das suas lutas, ficando, portanto, a decisão e a execução em mãos dos trabalhadores.

Assim, socialismo é entendido aqui como o regime em que a autogestão operária extingue o Estado como órgão separado e acima da sociedade, elimina o administrador dirigente da empresa em nome do capital e, ao mesmo tempo, elimina o intermediário político, isto é, o "político profissional".

Por sua ação direta, os trabalhadores têm condição de desencadear um processo de greve, ocupar o local de trabalho e reorganizar o processo de produção, no mesmo nível das relações que estabelecem entre si no processo de luta.

É nesse sentido que unificam a luta econômica e a luta política, estruturando a produção e abolindo as hierarquias existentes na fábrica e a divisão tradicional do trabalho.

A articulação dessas formas de luta operária que unificam pensamento e ação representa a prática da proposta socialista. Pode-se dizer que a luta operária é revolucionária pelas formas de auto-organização que cria, igualitárias, coletivas, em que as relações de hierarquia verticais, a submissão ou a dependência estão excluídas.

Criando instituições autogeridas por meio de sua práxis, a classe operária abre espaços onde as novas formas econômicas podem se realizar. Nesse sentido é inegável a contribuição de Marx para uma maior conscientização da importância da auto--organização dos trabalhadores como meio e fim, visando um projeto socialista.

No século XIX, a autogestão das lutas operárias apresentou--se sob a forma de organização de associações operárias, as quais, por meio das greves, faziam-se ouvir e reagiam à exploração do trabalho e à extinção do próprio salariado como forma predominante de remuneração.

A necessidade de lutar pela abolição do salariado é que criou essas associações, que rapidamente tomaram a forma de uma associação permanente de luta. Por meio de sua prática, a associação pretendia construir uma existência social comum e, ao mesmo tempo, eliminar a concorrência que o capital estabelece entre os trabalhadores, substituindo-a pela união da classe.

A recomposição do modo de vida operário e a supressão da concorrência entre si e da divisão da classe em profissões (categorias) eram as razões de ser das associações operárias. E foram as greves e os vários processos de luta de classe que trouxeram à tona a prática dessas associações, tornando-se estas não somente a realidade antagônica ao sistema capitalista, mas também o prenúncio da transformação deste.

A associação cria as precondições de união dos trabalhadores, porém a divisão de trabalho no interior das empresas e sua articulação nos vários ramos da produção social e econômica constituem seu maior obstáculo.

Embora a reivindicação de aumentos salariais seja considerada inerente à classe operária em sua totalidade, ela não elimina a hierarquização dos salários, dividindo os trabalhadores. A abolição do sistema de opressão e de exploração do salariado pressupõe a unificação dos operários, a qual elimina a concorrência mantida entre eles. Para Marx, isso se daria por meio da criação de um fundo comum de subsistência pela recomposição coletiva da vida, compartilhando-se a alegria inerente à luta associada dos trabalhadores.

Marx descobre que a associação nascida no processo das lutas, continuando após seu término — sempre passageiro —, representa a perspectiva revolucionária que leva à ruptura das formas burguesas de trabalho assalariado. A ruptura não é algo para ser deixado para um futuro remoto, mas inicia-se dentro da própria associação.

A associação constitui o espaço da luta operária contra a burguesia, daí a importância de se manter esse movimento como real e autônomo. Ele provoca a crise das instituições dominantes e do salariado, defrontando-se com o Estado capitalista ou com o "Estado socialista", nova denominação do capitalismo de Estado.

Uma luta da classe operária inicia-se em razão de interesses imediatos, desdobrando-se, em seguida, numa luta revolucionária de desenvolvimento da associação, no sentido de uma sociedade sem classes. Conclusivamente, em Marx não há lugar para as "teorias de transição ao socialismo", dominantes na URSS, no Leste Europeu e em alguns países africanos hoje em dia.

O embrião de uma associação emerge do processo da luta de classes e, depois, dá lugar à constituição de uma associação operária de luta e de existência comum, sem hierarquia e sem dirigentes ou dirigidos. Terminada a luta, a associação tem continuidade, reunindo-se às outras associações existentes. Esse processo realiza uma socialização proletária do poder, da vida e do trabalho. Opõe-se à "socialização" capitalista, realizada a partir das cúpulas dirigentes, centralizadora, que aliena o trabalhador dos processos decisórios.

Assim, para Marx, desenvolver a associação — tenha ela esse nome ou o de comissão de fábrica, comitê de greve, conselho operário — é fazer da luta através dessa associação uma luta para a associação.

Qualquer projeto envolvendo o trabalhador é criativo, na medida em que cria entidades ou estruturas igualitárias através do processo de luta. A ação direta dos trabalhadores substitui os intermediários — os políticos profissionais — e a suprema autoridade é a assembleia, que tem poderes não só para nomear os que querem representá-los, mas também para destituí-los.

Porém a luta autônoma dos trabalhadores geralmente enfrenta o patronato e a burocracia sindical. Exemplo disso foi a luta dos trabalhadores da Renault, na França, considerada pelo patronato e pelos aparelhos sindicais como uma provocação, um complô contra as organizações operárias!

> Já é público e notório que ser vítima da polícia patronal, lutar contra o fascismo na fábrica (o autoritarismo das gerências), é fomentar um complô contra a CGT (Central Geral dos Trabalhadores). Contra a autonomia operária, a direção da CGT tornou-se cúmplice consciente e sistemática das iniciativas fascistas do patronato. É a definição marxista de social-fascismo. É suficiente que o proprietário n° 1 não seja o mesmo da Renault, mas sim a direção da CGT, para que a Renault seja os estaleiros navais de Gdansk e a França se transforme na Polônia. Quem não viu a 'milícia' polonesa atirando sobre os trabalhadores de Gdansk, a polícia sindical da CGT agitando o espectro do complô, não viu coisa alguma do quadro francês. (Olivier, 1972, p.12)

Os trabalhadores da Renault tinham criado um comitê de luta com base nos delegados das diversas seções da empresa, firmando-se no combate à estrutura hierárquica e disciplinadora dominante. Esse comitê cresce rapidamente devido à intervenção policial, originando na Renault um movimento de massa sem precedentes contra a hierarquia capitalista. A maior participação foi de trabalhadores jovens que tomaram a frente do processo de luta. Os temas mais discutidos na empresa referiam-se à hierarquia interna, à ação autônoma dos seus trabalhadores e à punição de chefes autoritários.

A ação do comitê de luta enfrentou diretamente a burocracia sindical representada pela CGT, segundo a qual os operários não podiam pensar ou agir sem sua autorização, pois ela pretendia ser o representante único dos trabalhadores. Assim, a CGT considerava provocação qualquer iniciativa autônoma das massas trabalhadoras que desse liberdade à inteligência operária, colocando em xeque a hierarquia capitalista. Os operários somente podem conquistar sua consciência de classe por meio da contestação direta do sistema que os isola e divide. Possuir uma inteligência independente, questionar a linha de montagem ou o delegado sindical — que aceita essa linha como natural — significa uma provocação à CGT, pois esta defende a "unidade natural" do pessoal, isto é, a hierarquia que o capital estabelece internamente na fábrica.

Então fica fácil entender o outro aspecto da questão: a união entre Marchais, líder do PCF (o PCF é hegemônico na CGT), e Jaruzelski, primeiro-ministro da Polônia. Defender uma estrutura empresarial que perpetue a hierarquia capitalista sob direção de uma classe patronal do "Estado público" é defender uma sociedade igual à polonesa ou à russa. A polícia sindical desempenha idêntico papel ao da polícia estatal na Polônia, que atirou contra os operários quando estes contestaram a hierarquia nos estaleiros navais. A única diferença é que a polícia sindical não é polícia do Estado, porém tem condições de sê-lo.

A ação autônoma das massas operárias não reside na sua independência formal ante a burocracia sindical. A autonomia é uma prática diversa do sindicalismo burocrático; no caso francês, por exemplo, responde a aspirações coletivas dos jovens e dos trabalhadores emigrantes, na condição de párias sociais. Da mesma forma, a sabotagem de equipamentos torna-se uma forma de resistência ao capital e ao autoritarismo fabril. Daí a exigência dos trabalhadores de eles próprios cronometrarem o ritmo de seu trabalho e reivindicarem a rotação nos postos de trabalho, para eliminar a desigualdade de remuneração.

A auto-organização operária no local de trabalho e a demo-cratização das relações de trabalho constituem a base de qualquer democracia no plano da sociedade global, pois a existência do despotismo fabril com a democracia formal, além dos muros da fábrica, é uma profunda contradição.

Em cada reivindicação, refira-se a acidentes de trabalho, delatores no local do trabalho, racismo, o mais importante é a reivindicação "do respeito ao trabalhador". Eles devem dirigir o processo de trabalho para que a fábrica se democratize; isso pode ser imposto pela auto-organização da mão de obra. (ibidem, p.53-4)

Outra luta fundamentada na auto-organização no local de trabalho contra o patronato, o Estado e a burocracia sindical foi a greve da Fiat-Diesel em Xerém (Estado do Rio de Janeiro), que durou 42 dias.

Greve da Fiat-Diesel em Xerém

Quando a Fiat assumiu o controle acionário da antiga Fá-brica Nacional de Motores (FNM), passaram a haver inúmeras demissões, implicando na redução do número de operários e em alta rotatividade da mão de obra. Nesse contexto, a rotatividade da mão de obra constitui um meio de controle do trabalhador pelo capital.

A cada quatro anos, as grandes empresas trocam seu quadro funcional, mas a Fiat-Diesel trocou em muito menos tempo. De 13.250 trabalhadores, a Fiat conservou menos de três mil operários; em seis anos e quatro meses (de setembro de 1974 a dezembro de 1980), ela demitiu mais de 10 mil operários.

A produção reduziu-se devido à transferência da fabricação do Alfa-Romeo para Betim (MG), sendo que a empresa utilizou os escandalosos benefícios governamentais e depois parou de produzir o carro.

Essa empresa também utilizou a rotatividade para perseguir, desmoralizar e demitir os operários que não se sujeitaram às suas ordens. Assim, em 24 de dezembro de 1980, foram demitidas dezenas de operários representantes da Comissão Interna de Empregados e até mesmo um membro da CIPA (Comissão Interna para Prevenção de Acidentes), que tem sua estabilidade garantida por lei.

Em resposta, 1.100 operários decidem pela greve, reivindicando um ano de garantia no emprego e o retorno dos 250 demitidos. Criam um comitê de luta (CL) independente, fundado nos seguintes princípios:

a) *Democracia operária*: submissão da minoria à maioria, inclusive da 'vanguarda'. A minoria tem o direito de se manifestar;

b) *Autonomia e independência*: os comitês de luta atuam no sindicato dirigido por pelegos (agentes patronais vinculados ao Estado), mas em hipótese alguma devem permitir ser atrelados à estrutura do sindicato oficialista. No comitê se manifesta a total autoridade do peão: "Quem manda é o peão". Portanto, o CL é apartidário, sem obedecer a qualquer organismo superior ou a qualquer partido;

c) *Direção coletiva e combate às hierarquias*: os CL não devem se subordinar a instâncias superiores e muito menos criar instâncias inferiores. Devem permanentemente lutar para que haja o máximo de divisão de tarefas, de informações para todos. Assim se criam condições para o exercício da direção coletiva. É um risco muito alto um pequeno grupo de ativistas controlar o grupo ou decidir por ele;

d) *Respeito à individualidade*: os CL devem respeitar a capacidade individual de cada ativista. Para um bom desempenho da ação do comitê devem-se utilizar as capacidades individuais daqueles que reúnem melhores condições de levar as posições do comitê e da massa. Porém, isso não pode significar concentração de poder ou de informação nas mãos dessas pessoas. À medida que se democratizam ao máximo as informações, mais condições teremos de exercer a democracia operária;

Reflexões sobre o socialismo

e) *Ação clandestina*: é fundamental para uma boa ação e desempenho do CL o seu funcionamento sem que os patrões saibam quem são seus membros. Porém, há condições, como no caso da Fiat, em que os trabalhadores garantem no peito e na raça companheiros que eles imaginem que são ativistas do CL. A ação clandestina é para que patrões, pelegos ou puxa-sacos não saibam, mas em hipótese alguma o CL é secreto para a massa. Os CL devem procurar criar e participar de organismos legais. A atuação em organismos como CIPA, delegações sindicais, comissões etc., está respaldada por uma ampla rede de núcleos dentro da empresa. Os organismos legais são fundamentais na divulgação e ampliação da ação dos CL. É uma luta sindical, mas que constrói pouco a pouco o poder operário dentro da empresa e se impõe aos patrões, à chefia e ao pelego traidor;

f) *Organismo de massa*: a articulação e organização do comitê é bastante flexível, sem sectarismos, dogmatismos ou quaisquer aparelhismos. É uma organização do peão e, portanto, deve funcionar de acordo com o nível, compreensão e capacidade de o peão se organizar dentro da empresa. O CL, como organismo de massa, procura dividir todas as responsabilidades com os trabalhadores, desde a elaboração e impressão de panfletos, o recolhimento de dinheiro, até as discussões permanentes com os trabalhadores sobre os problemas da fábrica;

g) *Função básica do comitê*: o CL parte do princípio de que o aprendizado político e a capacitação dos trabalhadores se dão na própria ação concreta e na democratização das decisões e da informação. É uma luta intransigente e permanente que utiliza todos os meios possíveis na defesa dos interesses mais imediatos dos trabalhadores do conjunto da fábrica, ou de uma linha ou setor de produção. Defesa sem tréguas de todos os interesses sindicais da classe. Combate a todas as formas de humilhação e autoritarismo por parte dos patrões, da chefia etc. Defesa da dignidade e criação do poder do trabalhador dentro da empresa. Denúncia feroz contra o peleguismo. Denúncia contra o sindicato oficialista como um instrumento dos patrões para desviar os trabalhadores da criação de um sindicato controlado pelas bases e independente de qualquer influência dos patrões.

Os comitês de luta e a sua ação com os trabalhadores elegem e mantêm uma organização de base, como é a Comissão Interna de Empregados da Fiat, eleita com 90,8% de votos. Da mesma forma, são eleitos democraticamente comandos de greve, quando o movimento exige. Isso não quer dizer que nesses organismos só participem ativistas do comitê.

A Comissão se impõe aos patrões porque é garantida por toda a massa que a elege e a faz sua porta-voz. Isso permitiu, por exemplo, que a nossa greve tenha se mantido por 42 dias.

Outro aspecto importante é o fato de que a fábrica, para desmantelar grande parte da atuação do comitê, precisa demitir centenas de operários, como foi o caso da nossa greve, e não apenas alguns líderes. (VV.AA., 1981)

Luta operária rural no Brasil

Um exemplo de autêntica liderança de trabalhadores rurais foi Margarida Alves, ex-presidente do Sindicato dos Trabalhadores Rurais de Alagoa Grande, região canavieira da Paraíba. Como seu marido, Severino, Margarida Alves era lavradora. Foi assassinada (em 12 de agosto de 1983), à porta de sua casa, por matadores profissionais que dispararam, à queima-roupa, tiros de escopeta calibre 12, estourando-lhe o rosto e o cérebro diante dos filhos e do marido. Por quê?

Porque, graças a sua atividade sindical vinculada à base, entraram na Justiça do Trabalho mais de 100 reclamações trabalhistas contra a falta de registro em carteira profissional, o não pagamento do 13º salário, férias e descanso remunerado.

Devido a seu trabalho sindical, 32 sindicatos, a Federação dos Trabalhadores na Agricultura e a Confederação dos Trabalhadores da Agricultura (Contag) iniciaram a campanha salarial e a reivindicação de dois hectares de terra para produção de alimentos, além da jornada de oito horas diárias de trabalho. Fundou o Centro de Educação e Cultura do Trabalhador Rural, para que

150 mil trabalhadores canavieiros tivessem o mínimo de formação para lutar por seus direitos trabalhistas.

Seu marido, Severino, está convencido de que os assassinos estavam a serviço de usineiros e fazendeiros locais e de um dono de engenho cujo filho espancara uma velha lavradora aleijada e contra quem Margarida movera uma ação.

A região dos canaviais, como a do cacau, do açúcar, da indústria extrativa, da seca, é onde predomina a violência contra os trabalhadores para evitar sua organização, considerada perigosa pela classe dominante que teme perder o controle sócio-político da miséria. Na região da seca, marido e mulher inscrevem-se nas frentes de trabalho para ganhar Cr$ 15.000 mensais, por 18 horas de trabalho diário. (Chauí, 1983, p.2)

Conclusão

O caso de Margarida Alves mostra como a luta de classes em determinados momentos é uma luta de vida ou morte, opondo o trabalhador à organização capitalista da produção e ao Estado, que garante para o capital as "condições gerais de produção"; o espaço, porém, onde acontecem a exploração do trabalho e a opressão do trabalhador é a fábrica regida pela exigência da acumulação e reprodução do capital.

O trabalho é a condição necessária da produção em geral. A produção capitalista se realiza através da compra e venda da força de trabalho.

Já explicava Marx que, no processo produtivo, os homens, além de atuarem sobre a natureza, "atuam uns sobre os outros". Para produzir, estruturam relações entre si e através destas atuam nas várias esferas da sociedade, família, escola, numa gama de relações sociais decorrentes desse processo.

Os proprietários dos meios de produção — sejam particulares ou burocratas do Estado — incorporam o trabalho assalariado, que, acumulado em suas mãos, transforma-se em capital. O processo de acumulação capitalista depende de certas precondições relacionadas aos trabalhadores. Estes devem:

a) estar separados dos meios de produção;
b) ter liberdade de vender sua força de trabalho sem constrangimento escravista ou servil;
c) maximizar os lucros patronais, seja estendendo sua jornada diária de trabalho, seja intensificando seu ritmo de trabalho.

Esse processo, em sua totalidade, é comandado pela lógica do capital, que procura integrar o trabalhador. O trabalhador assina o contrato de trabalho porque não tem outra opção de sobrevivência. Na fábrica tudo conspira contra a inteligência do operário, expropriado dos meios de produção, dos frutos do trabalho e do conhecimento. Integrado à linha de produção ou vinculado à máquina, o trabalhador constitui "uma máquina" entre máquinas; ele perde a consciência.

A tomada de consciência ocorre quando o trabalhador rompe o isolamento, cria uma forma coletiva de expressão. Uma barra de ferro que interrompa a velocidade da linha de produção pode simbolizar sua retomada de consciência; é uma reação objetiva contra a divisão de trabalho que lhe é imposta, contra a disciplinação a que está submetido.

No universo fabril desenvolve-se uma consciência operária ambígua: a contradição entre o egoísmo individual e o interesse coletivo. A organização taylorista do trabalho, fundamentada na propriedade privada ou estatal e na separação do operário em relação a seu trabalho, visto como mera tarefa, produz o egoísmo, o isolamento e a submissão.

A revolta contra essa expropriação produz a ideologia coletivista. O egoísmo aparece como produto do capital; o coletivismo, como rebelião do trabalho. À medida que o trabalhador percebe que o próprio processo de trabalho divide e, ao mesmo tempo, liga seus companheiros pela cooperação, e que a conquista de qualquer reivindicação depende da união de todos eles, verifica que o conceito de "indivíduo" é um mito criado pelas revoluções burguesas desde o Renascimento.

A cronometragem do rendimento do trabalhador e a separação entre trabalho intelectual, concentrado na gerência e no planejamento, e trabalho manual, função do operário, implicam maior produtividade para o capitalista e maior exploração do trabalho operário. E isso acontece em escala universal.

O mercado mundial, criado pelo capitalismo já em sua época monopolista, integra o trabalhador e sua família, subordinando-os a esse mercado. O homem existe para o mercado, seja como produtor direto seja como consumidor.

Essa internacionalização das relações de produção capitalistas produz, consequentemente, a necessidade da organização operária em âmbito internacional.

2
A Primeira Internacional

Uma resposta operária à universalização do sistema capitalista foi a criação da Associação Internacional dos Trabalhadores (AIT) ou Primeira Internacional, em 28 de setembro de 1864, em Londres. As condições de seu surgimento, as conquistas obtidas para os trabalhadores e sua dissolução posterior é o que se passa, então, a analisar.

O sindicalismo revolucionário consolidou-se em 1864 e desapareceu em 1872. A facção bakuninista se articula como Internacional antiautoritária, permanecendo assim até 1880. Embora de curta duração, a Primeira Internacional exerceu considerável atração sobre os trabalhadores europeus, não devendo sua popularidade somente ao fato de ter sido proclamada a Comuna de Paris em 1870. Após a derrota da Comuna de Paris (1871), a Primeira Internacional cria seções na Hungria, Polônia, Rússia e Itália.

Pergunta-se: Marx terá sido resultado da Primeira Internacional, ou esta, fruto do trabalho de Marx?

A Primeira Internacional era de composição pluralista. Havia Marx e seus adeptos. Bakunin defendia o coletivismo, em oposição ao estatismo, como proposta de socialização. Proudhon, crítico violento da propriedade privada e do Estado, como defensor da mesma, pregava a revolução social e não a política e, ao mesmo tempo, procurava um compromisso entre a propriedade individual e a coletiva; propunha, também, a criação de um "banco do povo" que ofereceria empréstimos a taxas de juros ínfimas, e mantinha a ideia de haver concorrência entre as cooperativas autônomas e o pequeno comércio privado. Os adeptos de Proudhon foram recrutados mais entre os artesãos e no pequeno comércio do que entre o proletariado das grandes unidades industriais.

Nesse pluralismo enquadrava-se a corrente liderada por Auguste Blanqui, cujos adeptos eram conhecidos como "os blanquistas". Blanqui opunha-se ao cooperativismo de Proudhon, considerando essa solução hipócrita e retrógrada. Segundo Blanqui, não é pela cooperação simplesmente que a libertação do proletariado se dará, mas sim pela conquista do poder de Estado.

> Os blanquistas criados na escola da conspiração, ligados por uma disciplina rígida, admitiam a ideia da tomada do poder de Estado por uma minoria organizada que governaria de forma ditatorial e centralizada. (Engels, 1871)

Porém, na prática, na proclamação da Comuna de Paris pelos operários parisienses o que sucedeu? A Comuna de Paris, constituída em sua maioria por partidários de Blanqui, "conclamou todos os franceses a aderirem a uma livre federação das comunas francesas com Paris, a uma organização nacional, que, pela primeira vez, seria obra da própria nação" (Louis, s.d., v.1, p.249).

Percebe-se, assim, a existência de contradições entre o discurso e a prática dos teórico-práticos da Primeira Internacional. E é possível que isso tenha levado Marx a elaborar seus princípios a partir da observação do movimento real da classe trabalhadora, tema no qual insistia continuamente. Em setembro de 1864, nasceu a Primeira Internacional e, em 1867, Marx publica o primeiro volume de *O capital*.

Bakunin não está isento de ambiguidades. Em relação à participação operária no processo eleitoral, escrevia: "Nós negamos que o sufrágio eleitoral possa ser utilizado pelo povo para a conquista da igualdade econômico-social. Sempre será necessariamente um instrumento hostil ao povo e de apoio à ditadura de fato da burguesia". Contrariamente, em relação às eleições na França em 20 de fevereiro de 1876, pronuncia-se a favor da vitória eleitoral do Partido Republicano, exaltando a França

> a tentar um último esforço para constituir, apesar de todos os entraves que a prendem, um Estado republicano e francamente democrático. É provável que, nas próximas eleições, triunfe o Partido Republicano, tanto mais que os partidos opostos não são propriamente partidos, mas intrigantes sujos e miseráveis. (Brupacher, s.d., p.184)

Em Florença, em 1864, Bakunin funda a sociedade secreta Fraternidade Internacional; depois funda a Aliança da Democracia Socialista, na qual, segundo o historiador do movimento libertário Fritz Brupacher, institui uma espécie de rito de iniciação nos seguintes termos:

> Juro submissão e obediência absoluta à associação internacional; assumo participar dela, provando, através da atividade, zelo, observar prudência e discrição, silenciar sobre seus segredos, sacrificar meu amor próprio, minha ambição, meus interesses pessoais, colocando à sua disposição toda minha inteligência, toda minha atividade, minhas forças, minha autoridade e situação social, minha influência, minha fortuna, minha vida. (ibidem, p.200)

Ao mesmo tempo, Bakunin pregava o antiestatismo, a auto-organização, a liberdade realizada, implicando a negação absoluta de qualquer poder sobre o homem, o coletivismo entre os trabalhadores.

No contexto da Primeira Internacional, Marx enunciava que:

> A Internacional foi fundada para substituir, pela organização efetiva da classe operária, as seitas socialistas e semissocialistas. A Internacional só poderá afirmar-se se a marcha da história destruir as seitas. O desenvolvimento das seitas socialistas e o do movimento real estão constantemente em relação inversa. Enquanto as seitas se justificarem (historicamente), a classe operária não estará madura para um movimento histórico autônomo. À medida que ela atinge tal maturidade, todas as seitas serão, por essência, reacionárias. (apud Mehring, s.d., p.101)

Como se vê, no seio da Primeira Internacional havia um pluralismo de posições, com contradições internas no discurso de cada um. Mas o importante é que o surgimento da Primeira Internacional foi a resposta dos operários à emergência do capitalismo, desenvolvendo-se associações operárias, especialmente na Inglaterra e na França. Na Inglaterra, desde 1850, mecânicos, carpinteiros, fundidores, mineiros, agruparam-se em poderosos sindicatos, federados em nível local e nacional. Ocorre a greve dos trabalhadores da construção civil que em 1859 desencadeará a formação de uma junta onde se farão presentes representantes das sociedades dos mecânicos, carpinteiros, pedreiros etc.

A crise de superprodução em 1857 e 1859 na Inglaterra, que atingiu o continente europeu, favoreceu a internacionalização da associação operária. Por sua vez, no plano político, a luta pela unificação na Itália suscitou uma onda de solidariedade entre o proletariado europeu, favorecendo a necessidade de contatos internacionais.

A mensagem inaugural da Associação Internacional dos Trabalhadores, redigida por Marx, marcou o início da Primeira Internacional como força atuante no cenário europeu. Nos congressos realizados por ela, tiveram prioridade, nos debates,

Reflexões sobre o socialismo

temas vinculados à luta pela redução das horas de trabalho, à exploração do trabalho do menor e da mulher, à luta contra o desemprego e seus efeitos sobre os trabalhadores. Discutiu-se, também, o papel dos sindicatos, das associações operárias na unificação das lutas dos trabalhadores e da cooperação internacional operária contra o capital, além do efeito da manutenção de exércitos permanentes sobre as formas de organização da classe operária. Ainda mais, o papel da mulher na sociedade capitalista, a reivindicação da liberdade de imprensa e de reunião, o problema da coletivização da terra e da indústria, o problema da educação e do acesso à escola pública pela classe trabalhadora.

A Primeira Internacional, fiel aos seus princípios, apoiou ativamente, no período março/abril de 1868, três mil trabalhadores genebrinos em greve pela diminuição da jornada de trabalho, que era de 10 horas diárias. Apoiou a greve dos mineiros belgas da Charleroi; e sustentou, na França, as greves nas indústrias têxteis e mineiras. Todas elas foram greves sangrentamente reprimidas pelo Estado, totalizando 37 trabalhadores mortos.

Contou não somente com o apoio dos artesãos de Genebra e do Jura, mas também de trabalhadores das grandes indústrias e das regiões mineiras da França e Bélgica.

A Primeira Internacional apresentou uma diversificação de seções que atendia às peculiaridades nacionais, regionais e locais, em consonância com o enunciado de Marx: "A finalidade da Associação Internacional dos Trabalhadores é de combinar, generalizar e dar uniformidade aos movimentos espontâneos da classe operária, mas não dirigi-la ou impor, não importa qualquer sistema doutrinário".[1] Razão pela qual coexistiam, no seio da mesma, modelos diversos de associações operárias.

O sindicalismo inglês, por meio dos *trade unions* (sindicatos), teve papel decisivo na formação da Primeira Internacional, vista por eles como uma forma de impedir que, por ocasião de crises

---

1 Manifesto da AIT aos trabalhadores.

ou greves, o patronato inglês utilizasse mão de obra vinda do continente.

Diferente foi o quadro francês. Após o insucesso das associações de apoio mútuo, surgiu, na França, com enorme vitalidade, o sindicalismo revolucionário. Este se aproxima do modelo sindicalista inglês ao recusar vincular a prática sindical a partidos políticos, mas dele se afasta à medida que reivindicava, através da ação direta, a revolução social por mediação do sindicato e que a produção fosse dirigida pelos produtores diretos. Em suma, pleiteava uma revolução econômico-social. E não se afasta da esfera política, à medida que as ideias republicanas são vistas com simpatia, ficando definida claramente a intenção de não se marginalizar das lutas políticas mais amplas.

Na Alemanha, a Associação Operária Central, inspirada pelo teórico e prático do "socialismo de Estado", Ferdinand Lassalle, teve apoio do Partido Social Democrático, fundado por Wilhelm Liebknecht e August Bebel, e com uma linha próxima à de Marx. Esse partido pregava a unificação da luta pela libertação nacional com a luta pela emancipação operária, por mediação desse mesmo partido, ao qual os sindicatos estavam subordinados.

Na Espanha, a seção da Primeira Internacional teve um caráter eminentemente anarco-sindicalista, fundamentado na ação direta da classe na luta por seus interesses econômico-sociais, na recusa à luta política, na negação do partido político como elemento de representação dos trabalhadores e na eleição parlamentar como meio ou fim.

É necessário esclarecer que, bem antes da fundação da Primeira Internacional, a Espanha já possuía uma organização sindical autônoma que definia as reivindicações econômicas e possuía projetos de educação destinados à classe trabalhadora, tudo isso elaborado no processo da luta social.

A seção francesa praticamente foi destruída após a repressão à Comuna de Paris pela burguesia francesa, representada por Thiers, utilizando as armas fornecidas por Bismarck. A Comuna

Reflexões sobre o socialismo

de Paris possibilitou o fim da Guerra Franco-Prussiana e a aliança de Alemanha e França para um objetivo comum: esmagar o primeiro Estado socialista na história do Ocidente.

Os *trade unions* ingleses, fiéis à tradição da luta econômica como motivo básico da ação operária, retiraram-se da Primeira Internacional. Restou o Partido Social-Democrata Alemão, implantado no seio da classe operária, porém mais preocupado com o próprio crescimento do que com o destino da AIT.

A crise e o posterior desaparecimento da Primeira Internacional não se radicaram, como muitos afirmam, na oposição pessoal entre Marx e Bakunin. Há razões sociopolíticas mais profundas. A AIT serviu, no entanto, para conscientizar os trabalhadores de que eles pertenciam a uma comunidade internacional e deviam associar-se para levar adiante suas lutas econômicas e, no plano das relações internacionais entre Estados, lutar por uma política de paz e liberdade.

Acima de tudo, foram méritos da AIT a afirmação do internacionalismo proletário como um valor positivo e a vinculação da luta pela libertação da classe trabalhadora da exploração econômica, e da opressão política como sinônima da libertação da humanidade.

Após a repressão da Comuna de Paris, a seção francesa dispersou-se e a ação repressiva do Estado se estendeu a outros países. Na Espanha, a AIT foi declarada ilegal, e o mesmo se deu na Dinamarca e na Austro-Hungria; na Alemanha, os socialistas A. Bebel e W. Liebknecht foram condenados a 18 meses de cárcere (27 de março de 1872).

À repressão ajuntaram-se os conflitos ideológicos entre as facções marxista e bakuninista da Comuna de Paris e a sua oposição ao Conselho Geral da Internacional. A facção reunida em torno de Bakunin propugnava a abstenção total em matéria política, adotando, dessa forma, a posição de Proudhon.

Foi convocada, então, por iniciativa do Conselho Geral, a Conferência de Londres, onde Marx conseguiu maioria para a vitória de seus pontos de vista, nos termos da resolução nº 40: "*Considerando*: que contra o poder coletivo das classes proprietárias o proletariado só pode atuar como classe constituindo-se em partido político diferenciado, oposto a todos os antigos partidos formados pelas classes dominantes".

As seções da Primeira Internacional reunidas em Sonvilier (12 de novembro de 1871) rechaçaram as conclusões da Conferência de Londres. A cisão consumou-se no Congresso de Haia, em 7 de setembro de 1872; James Guillaume e Bakunin foram excluídos da Internacional e o Conselho Geral passou a funcionar em Nova York. Porém, em 15 de julho de 1876, a Conferência da Filadélfia dissolveu o Conselho Geral, dando o golpe de misericórdia na Primeira Internacional.

3
A Segunda Internacional

As ideias socialistas e suas influências se estenderam aos países escandinavos, à Rússia, aos países balcânicos, à península ibérica, ao continente europeu e aos Estados Unidos.

A Segunda Internacional, fundada na França em 1889, constitui-se em uma união de partidos social-democratas autônomos, organizados de forma federativa. Tal diversidade de organizações refletiu-se no seu pluralismo doutrinário. Assim, por exemplo, conviveram as ideias marxistas defendidas pelo Partido Social-Democrata francês, influenciado por Jean Jaurès, e a ideia da formação de um partido operário independente, pleiteada por Plekhanev, oriundo da nobreza russa e membro da *intelligentzia* arrogante, na sua postura de guarda pretoriana da ortodoxia marxista em Genebra.

A estruturação da social-democracia em 1889 se deu atendendo às peculiaridades nacionais. Assim, na Bélgica, o Partido Operário apresentava-se como uma federação que englobava as seções socialista, sindicalista e cooperativista. Na Inglaterra, predominava o movimento sindical através dos *trade unions*, que, desejando participar do Parlamento, deram origem ao Labour Party (Partido Trabalhista). Porém, tal pluralismo permite a emergência e o predomínio do Partido Social-Democrata Alemão, inspirador da social-democracia mundial, como mais tarde, na Terceira Internacional (1919), o Partido Comunista Soviético seria o grande modelo que todos os aderentes deveriam imitar. O Partido Social-Democrata Alemão foi fundado em 1875, no Congresso de Unificação, realizado em Gotha.

A aceitação da social-democracia alemã como modelo de organização de partido e ação política se deveu à admiração suscitada em outros países, como, por exemplo, na Itália, onde o socialista Antonio Labriola louva a social-democracia alemã pela "consciência que possui de suas finalidades", ao que agrega o dirigente socialista italiano Turati: "Sua energia e determinação não conhecem limites".

A social-democracia alemã apresentava-se como o modelo de organização, disciplina, centralização, unidade de pensamento, ciência e consciência social que ela adaptou a suas finalidades político-sociais. O seu crescimento foi uma resposta política dos trabalhadores às mudanças socioeconômicas.

Na Alemanha, entre 1882 e 1895, a mão de obra industrial aumentou seu efetivo em 40% — passou de 7,3 para 10,2 milhões de operários, concentrados nas grandes empresas industriais. O pessoal empregado em fábricas com mais de mil operários passa de 213 mil para 448 mil. Surgem novas categorias profissionais como, por exemplo, os trabalhadores do gás e os ferroviários.

Esse crescimento do proletariado se mostra pelo crescimento da rede sindical. Os sindicatos sob influência da social-democracia, que tinham somente 50 mil membros em 1879, atingem 700 mil associados em 1900. As federações formam-se, agora, não mais através dos ofícios, mas por ramos industriais.

Enquanto na Inglaterra o movimento sindicalista controlava a ação operária, na Alemanha deu-se o contrário, a social-

Reflexões sobre o socialismo

-democracia é que dirigia a atividade sindical em função da estratégia e da tática do Partido.

Os projetos de socialização estavam vinculados à existência de partidos social-democratas, cujo modelo era o Partido Social-Democrata alemão.

Após a morte de Marx, foi em torno de Engels que se agruparam jovens teóricos marxistas como Karl Kautski, Eduard Bernstein, Antonio Labriola, Filipo Turati, Jules Guesde, Paul Lafargue, Plekhanev. Polemizavam contra a influência dos adeptos de Bakunin existentes na Itália, na França e na Espanha, e contra os "populistas" russos.

Enquanto isso, a social-democracia conquistava mais cadeiras no Parlamento alemão, devido ao aumento do apoio eleitoral do operariado. Assim, de 1,786 milhão de votos em 1893, passa para 4,250 milhões em janeiro de 1912.

É claro que a trajetória da social-democracia coloca em discussão pelo menos suas instituições, o que partido e sindicato realmente significam num projeto que pretenda libertar o trabalhador da exploração econômica e da opressão político-social. Isso, contudo, não será discutido agora, mas quando analisarmos a opção oferecida aos trabalhadores pela Terceira Internacional e sua influência sobre o movimento dos trabalhadores no mundo contemporâneo.

A discussão da opção que a social-democracia oferece aos trabalhadores é profundamente atual, pois a social-democracia não desapareceu com o fim da Segunda Internacional em 1914. Já bem antes disso, através de seus teóricos conhecidos como revisionistas, Kautski, Bernstein e Jaurès, adotara a luta parlamentar como o espaço privilegiado de oposição, o gradualismo por meio das reformas parciais, e a conquista de direitos sociais como sua finalidade. Daí, a célebre frase de Bernstein: "O movimento é tudo; a finalidade nada significa se limitar o movimento socialista à luta por reivindicações imediatas, perdendo de vista objetivos mais amplos de mudança social".

O autêntico ideólogo representante da social-democracia é Eduard Bernstein, que, na maior parte de sua vida ativa, trabalhou como secretário particular de Karl Hochberg, um rico mecenas do Partido.

Bernstein tinha um grande aliado no Partido, Georg Wolmar, deputado no Parlamento alemão. Wolmar defendia a ideia de que o socialismo poderia ser realizado por meio de uma lenta evolução orgânica, afirmava a importância das reivindicações imediatas, especialmente uma legislação sobre a proteção ao trabalho, o direito de associação e a supressão de impostos sobre vários produtos de consumo, e ressaltava — como também o faria posteriormente Bernstein — a importância das cooperativas no projeto socialista.

As cooperativas de produção têm duplo caráter sob o sistema capitalista: a par de uma produção socializada, acompanham uma troca capitalista. Como a troca domina a produção, a cooperativa, para sobreviver, deve submeter-se às leis gerais do sistema capitalista. Na prática, isso significa aumento do ritmo de trabalho, aumento ou diminuição da jornada de trabalho conforme a conjuntura, contratar ou despedir a força de trabalho. Em suma, realizar todas as práticas capitalistas que uma empresa aplica para limitar a concorrência das outras empresas.

Nesse contexto, a cooperativa de produção padece de uma contradição básica: a necessidade de os operários se autodirigirem e desempenharem, em relação a si mesmos, o papel de empresários. Das duas uma: ou a cooperativa, para sobreviver, torna-se uma empresa capitalista; ou, se a pressão operária for maior, ela se dissolve.

É o que Beatrice Webb (teórica do movimento cooperativista) constatou nas cooperativas de produção inglesas, dissolvidas, em sua opinião, pela falta de disciplina. Cabe então a pergunta: não teriam se dissolvido devido à impossibilidade de o operário aplicar a si próprio o autoritarismo inerente à unidade de produção sob o sistema capitalista?

Reflexões sobre o socialismo

A social-democracia alemã apresentava-se, pelo menos até 1914, como o movimento socialista numericamente mais forte e organizado. Possuía um movimento sindical estruturado, uma vasta rede de cooperativas de consumo, ampla rede de jornais e revistas, teatros, salas de concertos, movimento feminino, organizações esportivas e juvenis. Porém, quando Karl Liebknecht publicou um panfleto antimilitarista, foi substituído na direção da Juventude Socialista por Friedrich Ebert, futuro presidente da República de Weimar.

Foi a grande ilusão parlamentar, segundo a qual bastaria ter maioria de deputados para que o Parlamento votasse as leis de socialização, o que, pouco antes do início da Primeira Guerra Mundial, levou a Segunda Internacional à falência e a social-democracia alemã ao topo.

Com o agravamento da situação internacional e o início da Primeira Guerra Mundial, ganha expressão na social-democracia alemã uma corrente radical tendo à frente Rosa Luxemburgo. Esta, opondo-se ao voto dos créditos de guerra dado pela social-democracia, articula-se com outros internacionalistas, promovendo a Conferência de Zimmerwald (na Suíça), na qual é definida a luta contra a guerra e pela mudança revolucionária da estrutura capitalista da sociedade.

Após a Primeira Guerra Mundial, movimentos revolucionários eclodem na Alemanha. A esquerda da social-democracia, representada por Rosa Luxemburgo e Karl Liebknecht, é destruída pelo Estado, cujo primeiro-ministro, Gustav Noske, pertence à social-democracia.

A eclosão e a vitória da Revolução Russa vêm animar as massas alemãs para o levante, porém o proletariado, isolado, é batido pelas forças da direita, que se articula através dos chamados "corpos livres", de onde emergirão os futuros líderes e militantes do nazismo.

A criação e sua capacidade de se tornar um partido de massas, reconstruir sua máquina de propaganda e manter sua influência sobre o trabalhador não levaram o Partido Comunista alemão ao monopólio do controle do trabalhador. A social-democracia, reciclada às exigências do capitalismo, tinha grande influência sobre as massas operárias alemãs.

A trágica divisão entre o PC alemão e a social-democracia é que permitirá a ascensão legal de Hitler ao poder como primeiro--chanceler, com o aval da classe dominante alemã e do exército, além do apoio de setores de trabalhadores urbano-rurais e, especialmente, da classe média, o grande apoio social de Hitler.

A derrota nazista na Segunda Guerra Mundial recoloca a social-democracia alemã e a internacional em papel de destaque no mundo: sua função, sua importância e o avanço ou obstáculo que representam a uma proposta socialista contrária à proprie-dade privada ou estatal dos meios de produção.

No contexto de uma crise econômica mundial, em países de capitalismo desenvolvido — Alemanha Ocidental, França, Suécia —, a alta burguesia não pode recorrer a formas abertas de repressão; a solução "social-democrática" aparece, então, como a de menor custo social e político, permitindo manter um discurso de esquerda e uma prática conservadora, encoberta por uma linguagem anticapitalista, antiautoritária.

Daí o relacionamento profundo entre a social-democracia alemã e o capitalismo, conforme constata a revista do patro-nato da Alemanha Ocidental, *Capital*, em dezembro de 1977: "Nenhum primeiro-ministro da RFA, desde 1949, teve relações pessoais e regulares tão estreitas com um número tão grande de industriais e banqueiros como atualmente o fez Helmut Schmidt, vice-presidente do SPD (Partido Social-Democrata), o partido dos trabalhadores". Ao mesmo tempo, a revista alemã *Die Welt* louva o SPD por "integrar e unir quase todos os tipos de esquerda" (Poulain, s.d., p.2).

Por que meios a social-democracia alemã consegue influen-ciar internacionalmente? Através da Fundação Friedrich Ebert, de cujos cursos de "formação política" participam, anualmente,

Reflexões sobre o socialismo

mais de 100 mil pessoas. A Fundação Friedrich Ebert tem no seu *Kuratorium*, órgão máximo de direção: Friedrich Thomee, membro da direção da Volkswagen; Herald Knoch, vice-presidente do Conselho Fiscal do truste siderúrgico Hoesch; Ernest W. Mommsen, antigo presidente da Indústria Krupp; e Walter Hesselbach, presidente do Banco dos Sindicatos, principal suporte financeiro do Partido Social-Democrata alemão e da sua central operária, a Confederação dos Sindicatos Alemães (DGB).

Segundo estudiosos do assunto, o capital da social-democracia alemã domina hoje a Internacional Socialista. Dois membros proeminentes da Fundação Friedrich Ebert participam, a pedido de Rockfeller, da Comissão Trilateral, formada pelo ex-presidente norte-americano Jimmy Carter, pelo ex-chefe do Departamento de Estado norte-americano Cyrus Vance, e pelo ex-chefe da Segurança Nacional norte-americana Zbigniew Brzezinski.

O discurso da social-democracia encobre o fato de 1,7% das famílias da burguesia alemã deter 74% dos meios de produção. Tal concentração é acompanhada por igual concentração dos contingentes de mão de obra, sendo que a DGB conta com 7,6 milhões de adeptos, enquanto as outras três existentes não chegam a atingir 1,5 milhão.

Após o Congresso de Bad Godesberg (1959), a social-democracia alemã deixou de se preocupar com a luta de classes, autodefinindo-se não como um partido de classe e sim como um partido popular, aceitando a economia de mercado. Declara-se partidária do "socialismo democrático", definido como alternativa ao comunismo.

Nos seus programas de formação sindical, o SPD trata do método alemão de cogestão, conforme registra o *DGB-Report*, uma revista editada em quatro idiomas para uso de sindicalistas e jornalistas sindicais.

O imperialismo alemão, através da social-democracia, atinge a África, mantendo um centro de formação sindical em Zâmbia, com 196 vagas em internato e 105 seminários anuais, devido à importância desse país na África meridional. Madagascar, Quênia e Sudão receberam, igualmente, centros de formação sindical. Em 1975, a Fundação Friedrich Ebert organizou em Bonn um seminário sobre a África; em 1979 organizou outro na Tanzânia, cujo tema central foi a África do Sul.

Em 1974, a contrarrevolução em Portugal — a chamada Revolução dos Cravos — se dera sob a égide de Mário Soares, dirigente do Partido Socialista Português, fundado em Münstereifel, na Alemanha Ocidental. Especialistas em cooperativismo e comunicação de massas foram enviados a Portugal, e a revolução murchou muito rapidamente.

Na Espanha, após a queda de Franco, assistiu-se um processo de abertura, mas também com atrelamento dos trabalhadores ao Estado, por mediação do Partido Socialista Operário Espanhol (PSOE), liderado por Felipe González. Pelo Pacto de Moncloa e outros posteriores, entre o empresariado e os trabalhadores, assumiam estes o compromisso de manter a paz social, pois, na linguagem social-democrata atual, capitalistas e trabalhadores são parceiros.

Dessa forma, os pactos sociais espanhóis assinados em nome dos trabalhadores deixaram-nos amarrados ao grande capital e à burocracia do PSOE, do Estado e da União Geral dos Trabalhadores (UGT), controlada por eles. Sem falar da burocratização das comissões operárias, que, criadas nas fábricas sob vigência da ditadura franquista e sob hegemonia do Partido Comunista Espanhol (PCE), após a "abertura" convertem-se no braço esquerdo do capital. Realiza-se uma "santa aliança" entre os capitalistas, o PSOE e o PCE, este reciclado com o nome de *eurocomunista*, diríamos *euro-social-democrata*.

Na França, o governo do social-democrata François Mitterand, que sucedeu ao conservador Giscard D'Estaing, adotou também um discurso esquerdista. Muitos pensaram tratar-se de um novo 1968; outros mais afoitos quiseram comparar a eleição de Mitterand à proclamação da Comuna de Paris em 1871.

Nada mais distante disso. Basta ver a reação dos trabalhadores da região de Lorraine (Lorena) que entraram em greve, em sua luta por reivindicações da categoria, e não tiveram dúvidas quanto a destruir as sedes do Partido Socialista Francês, onde quer que se localizassem.

De nada adiantaram os cursos de formação sindical da Fundação Friedrich Ebert, através da Força Operária e da Confederação Francesa Democrática dos Trabalhadores (CFDT), duas centrais sindicais francesas social-democratas.

Isso tudo numa época em que milhões de trabalhadores, 1/4 dos quais emigrantes da classe operária francesa, estão privados dos direitos políticos e são passíveis de expulsão do país ante uma simples denúncia patronal como agitadores. Muitos deles não possuem nem a liberdade de contratação da venda de sua força de trabalho — um dos pré-requisitos da existência do sistema capitalista. É o caso dos mineiros do Marrocos, vinculados às minas como os servos à gleba na Idade Média: não podem deixar as minas do norte sob pena de expulsão do país.

Mineiros jovens, menores de 18 anos, são explorados acima de qualquer lei; um em cada cinco trabalha mais de 45 horas semanais, enquanto a jornada de trabalho do menor está limitada legalmente a 40 horas semanais, no máximo. Isso sem falar do racismo de que são vítimas na França o argelino, o marroquino, o tunisiano, o português e o espanhol, numa situação igual à do trabalhador turco na Alemanha Ocidental. Constituem uma reserva de mão de obra barata para o sistema capitalista e bode expiatório de suas contradições internas.

O Partido Socialista Francês (PSF) preocupa-se muito mais em administrar a sociedade e usufruir o poder de Estado do que em lutar pela autotransformação social. Seus planos vêm de cima para baixo, da cúpula para a base.

A França continua — sob o Partido Socialista — a ser um país de desigualdades sociais profundas, com aparelho estatal altamente burocratizado, no qual predomina o despotismo fabril, que é reproduzido na escola e na sociedade global. O PS francês possui uma pletora de especialistas, porém não tem projeto político. Sua integração à Aliança Atlântica mostra que nada mudou após sua escalada ao poder. Desenvolveu, durante anos, a prática de conciliar um discurso de esquerda com uma prática de direita.

A política da social-democracia pode ter algum futuro no quadro dos países capitalistas desenvolvidos, porém, na África, na Ásia e na América Latina, a essa altura do século XX, a opção pelo socialismo ou pela barbárie se coloca na ordem do dia.

4
A Revolução Russa e
a Terceira Internacional

A Terceira Internacional surgiu em consequência da bancarrota da Segunda Internacional, cujos partidos, antes da Primeira Guerra, proclamavam seu internacionalismo e sua oposição à chamada guerra imperialista. Declarada a guerra, cada partido socialista assumiu a defesa de sua pátria, convertendo-se ao nacional-patriotismo e declarando moratória à luta de classes.

A eclosão da Revolução Russa de 1917, que levou o Partido Bolchevique (Partido Comunista Russo) ao poder, reuniu diferentes facções dos antigos partidos socialistas em Moscou, fundando-se em 1919 a Terceira Internacional.

Pressentindo que a Internacional só poderia sê-lo nominalmente, pois que sua sede em Moscou a tornaria subordinada à política do Partido Comunista Russo, Karl Liebknecht e Rosa Luxemburgo propuseram que a sede da mesma fosse em Berlim ou em outra cidade da Europa central.

É necessário situar que a tomada do poder pelo partido de Lenin (Partido Bolchevique) significou, antes de mais nada, a tentativa de colocar em prática um programa de oposição ao capitalismo privado. Também é importante considerar que a Revolução Russa enfrentou um período de guerra civil que durou anos e a intervenção de exércitos estrangeiros — alemães, ingleses, norte-americanos e checos —, auxiliados em algumas regiões por generais czaristas como Kolchak, Denikin, Wrangel, que queriam restabelecer o capitalismo privado.

É nessa conjuntura de guerra civil interna e invasão estrangeira que os dirigentes do PC russo procuram, em primeiro lugar, vencer os invasores e ao mesmo tempo reorganizar a economia devastada. É quando Trotski proclama o regime do "comunismo de guerra". Os diretores de empresas industriais passariam a ser nomeados pelo Partido que detém o poder de Estado, e as unidades onde houve administração coletiva ou autogestionada deveriam subordinar-se à nova medida.

Paralelamente, Lenin introduz o taylorismo na URSS, significando, portanto, a volta à hierarquia nas fábricas, ao planejamento restrito a um corpo de especialistas e à mão de obra realizando o que a cúpula técnica define como sendo os objetivos das empresas. Embora considerasse o taylorismo uma forma de organização do trabalho tipicamente capitalista, Lenin argumentava que o poder estava com o Partido e isso garantia a supremacia da classe operária no país. Assim, a técnica taylorista poderia ser colocada a serviço do proletariado.

Isso significou o fim dos comitês de fábrica e da autogestão nas empresas. A nova palavra de ordem de Trotski era: trabalho, ordem e disciplina. Assim, já em 1920, das 2.051 empresas importantes, 1.783 estavam sob a direção de um administrador nomeado pelo Estado (Kollontai, 1944, p.25).

Logicamente, a primeira conquista da Revolução Russa, isto é, o controle dos meios e do ritmo de produção pelos próprios trabalhadores, tinha sido usurpada pelo Estado e pelo Partido que o dirigia.

Vinculado ao novo processo, o novo governo estabeleceu a "militarização do trabalho", no qual o salário passava a cumprir a mesma função que tem na economia capitalista clássica. Conforme Trotski, "os salários, em dinheiro ou espécie, devem acompanhar o mais possível a produtividade do trabalho individual" (ibidem, p.26). Os sindicatos converteram-se em disciplinadores da mão de obra, e Trotski considerava que o mal da Rússia não era o excesso, mas a insuficiência de burocracia.

As milícias operárias são integradas a uma estrutura nova que recebe o nome de Exército Vermelho, no qual ex-oficiais czaristas retomam a direção das tropas, mas sob controle do novo Estado. Restabelece-se a hierarquia — os diversos graus diferenciadores da titulação militar —, porém, na medida em que o Partido detém o poder e, segundo Lenin, representa o proletariado, nada há a temer.

Cria-se, então, a Oposição Operária, formada por trabalhadores revolucionários da primeira hora, participantes das revoluções de 1905 e 1917 e da guerra civil. Ela denuncia a separação entre o Partido e as massas operárias, critica a direção única nas fábricas como produto do espírito burguês que não confia na força coletiva, reivindica a liberdade de crítica, e critica a implantação do socialismo por via burocrática, por decretos da cúpula dirigente, e a redução da iniciativa das massas. A grande pergunta da Oposição Operária é: realizaremos o socialismo pela ação dos trabalhadores ou por intermédio dos funcionários do Estado? Isso tudo porque a cúpula dirigente "confia mais nos burocratas e nos técnicos do antigo regime do que na sã espontaneidade e criatividade proletária dos operários" (ibidem, p.77).

Já em 1920, o proletariado russo tinha sido expropriado do controle dos meios de produção pelo Estado. A burocracia ocupava seu lugar na direção econômica (via economia de plano) e na direção política, por mediação do Partido.

A essa expropriação econômica do proletariado alia-se a expropriação política: os sovietes (conselhos formados por unidades de produção ou concentrações urbanas), que haviam desempenhado papel fundamental na tomada do poder pelo partido de

Lenin, serão atrelados ao Estado, transformando-se, com os sindicatos, em "correias de transmissão" das ordens vindas de cima para baixo. Em outros termos, ao perderem sua autonomia, os sovietes desaparecem como representativos do proletariado. Lenin e Trotski criam algo original: uma república soviética sem sovietes!

5
A Rebelião de Kronstadt

A reação à expropriação política do poder da classe operária, substituído pelo poder do Partido e do Estado em seu nome, desencadeia a Rebelião de Kronstadt, na Rússia (1921). Kronstadt era uma base naval cujos marinheiros haviam participado das revoluções de 1905 e 1917 (o que foi motivo do filme de Eisenstein, *O encouraçado Potemkin*), além de fornecer elementos para a guarda pessoal do palácio Smolni, sede do governo soviético.

Proclamam-se em rebelião contra o novo "Estado soviético", reivindicando:

Resolução da Assembleia Geral da
1ª e 2ª Brigadas Marítimas (1º de março de 1921)

Considerando que os sovietes (conselhos) atuais não exprimem mais a vontade dos trabalhadores urbanos e dos camponeses, é indispensável realizar imediatamente uma eleição com voto secreto. A campanha eleitoral deverá transcorrer livremente para que as massas operárias e camponesas sejam honestamente informadas.

Maurício Tragtenberg

1. Liberdade de palavra e de imprensa para os operários e camponeses, anarquistas (socialistas libertários) e socialistas de esquerda (ala esquerda do Partido Socialista Revolucionário, solidamente implantado no campesinato).
2. Convocação antes de 10.3.1921 de uma assembleia geral de operários, soldados vermelhos e marinheiros de Kronstadt e Petrogrado.
3. Libertação de todos os presos políticos socialistas, assim como os operários e camponeses, soldados vermelhos e marinheiros, encarcerados por participar em diversos movimentos populares.
4. Eleição de uma comissão encarregada de examinar os casos dos prisioneiros e internados em campos de concentração.
5. Supressão de todos os departamentos políticos (instrumentos de controle das instituições pelo Partido). Além do mais, nenhum partido deve ter o privilégio da propaganda ideológica, nem receber por ela nenhuma subvenção governamental. Em substituição a isso, propomos que sejam eleitos, em cada cidade ou vila, Comissões de Cultura e Educação subvencionadas pelo Estado.
6. Supressão imediata de todas as barreiras militares.
7. Distribuição de igual ração alimentar para todos os trabalhadores, exceção àqueles que exerçam trabalhos pesados.
8. Supressão dos destacamentos comunistas de choque em todas as seções militares, da milícia comunista nas usinas e nas minas. Se os destacamentos forem necessários, que sejam designados pelos soldados das seções militares; se guardas forem necessários, que sejam nomeados pelos próprios trabalhadores.[1]

A luta dos marinheiros era pelo restabelecimento do real poder dos sovietes. É o que se depreende do *Izvestia* de 6 de março de 1921, p.29: "Ante os partidos, defendemos o poder dos sovietes. Queremos que os representantes do povo sejam livremente eleitos. Os sovietes pervertidos, confiscados pelo Partido Comunista, sempre se mostraram surdos às nossas necessidades

---

1 *Izvestia*, 3.3.1921, p.16. Paris: Belibaste, 1969.

Reflexões sobre o socialismo

e reivindicações". Antes da tomada do poder, Lenin definia a palavra de ordem: "Todo poder aos sovietes". Os marinheiros denunciam que

a revolução de outubro foi feita para libertar os trabalhadores, porém estes estão mais escravizados que antes. A autoridade da monarquia policial foi substituída pelos usurpadores comunistas. Substituem a foice e o martelo pela baioneta. É a esse preço que a nova burocracia dos comissários e funcionários comunistas pretende assegurar-se uma vida tranquila. Criticam a estatização dos sindicatos. Kronstadt representa uma nova ordem socialista em oposição à ordem comunista burocrática. Essa revolução é uma revolução do trabalho livre.[2]

Qual foi a reação dos líderes do "Estado socialista"? Além de denunciar os marinheiros de serem agentes do capitalismo internacional, dirigidos por ex-generais czaristas, Trotski divulga a seguinte ordem pelo rádio:

O governo dos operários e camponeses decidiu que Kronstadt e os navios insurretos devem submeter-se imediatamente à autoridade da República dos Sovietes.

Ordeno a todos que levantaram seu punho contra a pátria socialista a depor imediatamente as armas. Os rebeldes serão desarmados e enviados às autoridades soviéticas. Somente com a rendição incondicional poderão contar com a clemência da República Soviética.[3]

Sem permitir negociações, as tropas comandadas pelo ex-general czarista Tukhachevski invadem e massacram os marinheiros de Kronstadt. Assim, o governo soviético, que havia expropriado economicamente o proletariado, submetendo-o ao administrador nomeado pelo Estado, expropria-o politicamente

2 *Izvestia*, 8.3.1926, p.41-3.
3 *Izvestia*, de 7.3.1921, p.37.

ao reprimir Kronstadt: os sovietes e os sindicatos ficarão atrelados ao Estado, tanto sob Lenin quanto sob Stalin.

Revela-se aí uma característica central do bolchevismo: a impossibilidade de coexistir com qualquer movimento de base fundado na ação autônoma da classe operária. A repressão é a resposta bolchevique à autonomia da ação da classe trabalhadora.

6
Makhnovistchina:
uma revolução na Revolução

A impossibilidade de coexistência de uma ação autônoma da classe operária com o Estado bolchevique aparece com meridiana clareza na maneira como o governo bolchevique de "operários e camponeses" trata uma revolução na Ucrânia, desenvolvida fora do controle do Partido Bolchevique, numa região predominantemente camponesa, visando abolir o capitalismo e substituí-lo pela autogestão social, com a eliminação do Estado como órgão acima da sociedade e fator de extorsão social.

Essa revolta, chamada Revolução Makhnovista — Nestor Makhno era um de seus líderes —, continuou a luta da Oposição Operária dirigida por Alexandra Kollontai e a dos marinheiros de Kronstadt: coletivização dos meios de produção e autogestão social, econômica e política exercida pelos trabalhadores por mediação de representantes livremente eleitos; negação de hierarquias salariais e sociais e de qualquer tipo de ditadura, mesmo a exercida em nome do proletariado, porém sem o proletariado, a ditadura do Partido sacralizado.

Os bolcheviques tomaram o poder em novembro de 1917, porém no sul da Rússia somente o fariam em 1920. É que lá, na Ucrânia, havia sido vitoriosa a Makhnovistchina, movimento armado de camponeses organizados em milícias para garantir a democracia e realizar a autogestão social dos meios de produção e a abolição do salário, das classes e das hierarquias verticais.

Em março de 1917, Makhno reuniu em Gulai Pole, uma aldeia da Ucrânia, os militantes e lutadores pró-socialismo que lá deixara oito anos antes, quando condenado à prisão perpétua por atividade revolucionária. Fundou-se, então, a União dos Camponeses de Gulai Pole, para assegurar maiores contatos entre eles e opor-se resolutamente a Kerenski — que governou transitoriamente entre a queda do czar Nicolau II e a ascensão de Lenin —, firmando o princípio de que a "revolução dos trabalhadores do campo deve ser obra deles", não admitindo que instituição alguma, seja sindicato, seja partido, fale por eles.

Realizou-se um congresso de trabalhadores do campo em Alexandrovska, perto de Gulai Pole, no qual os congressistas rejeitaram em bloco a legitimidade dos comitês comunais de coalizão sob o governo Kerenski, mantendo sob vigilância o Comitê Comunal de Gulai Pole. Foi o primeiro passo para desprestigiar o poder do Estado, abalando-o e substituindo-o pela auto-organização livre dos trabalhadores do campo. Esse congresso decidiu expropriar a terra dos latifundiários, sem indenização, coletivizando-as imediatamente.

Em junho de 1917 deu-se a aliança operário-camponesa mediante a criação de uma união profissional entre os camponeses de Gulai Pole e os operários de Alexandrovska. Os camponeses de Gulai Pole tomaram para si a direção do Departamento Agrário e de Abastecimento, substituindo as autoridades estatais.

Efetuou-se o recenseamento das terras dos *pometchiki* (latifundiários) e dos *kulaks* (pequenos proprietários), organizando-se no Soviete de Operários e Camponeses um comitê dos *batraki*

Reflexões sobre o socialismo

(empregados das fazendas), para estes lutarem organizadamente por seus interesses.

Em junho de 1917, os camponeses de Gulai Pole deixaram de pagar arrendamento de terras aos proprietários, e o soviete local proibiu o Comitê Comunal de tomar qualquer decisão de interesse público. A burguesia foi desarmada, sem oferecer resistência. Os soldados da guarnição de Alexandrovska e os trabalhadores das usinas lá instaladas prometeram apoio à ação dos camponeses de Gulai Pole.

Os camponeses de Gulai Pole também tomaram para si a expropriação das terras da Igreja Ortodoxa Russa, dos mosteiros e dos *pometchiki*, para cuidarem da semeadura. E, apesar das ameaças do governo, Gulai Pole enviou delegações de camponeses a outras áreas para realizarem o mesmo.

Leon Schneider, eleito representante do Soviete dos Deputados e Camponeses de Gulai Pole junto ao Comitê Executivo Departamental de Ekaterinoslav, negociou com os metalúrgicos locais para que enviassem matéria-prima às forjas de Gulai Pole. Imediatamente as remessas começaram a chegar a seu destino.

O Congresso Regional de Comitês Agrários definiu quais propriedades dos *pometchiki* se tornariam comunas camponesas, reunindo famílias em grupos de 150 a 200 pessoas. O congresso cuidaria das semeaduras e dos trabalhos referentes à futura colheita, a primeira em comunas livres.

Enquanto isso, após a tomada do poder na Rússia pelo Partido Comunista em 7 de novembro de 1917, reuniu-se o Congresso Departamental dos Sovietes de Deputados Camponeses, em Ekaterinoslav. Gulai Pole enviou dois delegados: Nestor Makhno e Mironov. Em Gulai Pole havia vários poderes paralelos ao soviete: o de Kerenski, o da Rada (Governo Provisório da Ucrânia) etc., de tendências direitistas.

Formou-se uma frente única entre os marinheiros de Kronstadt e o Soviete de Gulai Pole. Makhno, relatando a obra efetuada em Gulai Pole, consegue o apoio de um regimento de

Cavaleiros de S. Jorge, que lá havia contra a Rada, sinônimo de reacionarismo.

Enquanto o bolchevique Einstem discursava ante o Soviete de Gulai Pole, proclamando a necessidade da formação de um novo "Estado socialista" que trouxesse a felicidade a quem trabalha, os camponeses exercitavam-se no uso de armas, prevendo que o Partido tentaria impor sua autoridade de armas na mão.

Os camponeses ucranianos, sob a direção de Makhno, organizam uma luta contra a Rada, que ameaçava invadir toda a região e já lutava contra os bolcheviques nas cidades. Cossacos (soldados czaristas) vindos da frente alemã dispuseram-se a unir-se ao general Kaledine, chefe da contrarrevolução.

Em Alexandrovska, Makhno se revolta em razão de os bolcheviques não terem libertado os presos políticos detidos por não reconhecerem o governo Kerenski. Os bolcheviques explicam que não o fizeram por temerem igualmente a revolta deles contra o seu poder, pois já haviam designado um presidente da *Tcheka* (polícia política). Compreendendo isso, Makhno liberta os presos com auxílio de sua coluna.

Escolhido para membro de uma comissão de inquérito, Makhno tomou conhecimento de numerosos processos a serem julgados. E, antes de abri-los, solicitou a presença dos detidos. Eram generais, coronéis, chefes da milícia da Rada, contrarrevolucionários que, porém, não haviam sequer tomado armas contra os bolcheviques. Exigiu, então, que cada caso fosse julgado especificamente, rejeitando a ideia de fuzilar a todos indistintamente, para salvar aqueles que futuramente poderiam prestar-lhe serviços.

A esse propósito cumpre registrar as palavras de Makhno:

> Se eu aceitei o papel ingrato de membro da Comissão de Sindicância, foi para informar-me melhor e comunicar aos camponeses as preocupações dominantes entre os adeptos do comunismo de Estado e a maneira pela qual, nesses dias gloriosos de levante revolucionário, esses "defensores da igualdade e da liberdade"

Reflexões sobre o socialismo

abandonam seus princípios pelos privilégios do poder e também para adquirir certa prática da forma de conduzir-me nesse tipo de acontecimento. (Makhno, 1970, p.140)

Enquanto as discussões provocadas pelos bolcheviques se eternizavam, Makhno fica sabendo que a Rada e os monarquistas se armavam e os cossacos estavam marchando rumo a Alexandrovska para unir-se às tropas de Kaledine. Gulai Pole envia uma comissão para negociar com eles, mas sem nenhum resultado.

Os cossacos atacam, mas são repelidos; pedem, então, a paz, abandonam suas armas e retornam a suas casas. Muitos ingressam no exército bolchevique.

O Comitê Revolucionário, constituído de bolcheviques, social-democratas (mencheviques) e libertários, intervém na vida dos trabalhadores de Gulai Pole, governando mediante severas ordens verbais ou escritas; lança um imposto sobre a cidade de 18 milhões de rublos, prende socialistas, e pensa em criar o comissário de prisão.

Makhno nota que os bolcheviques e os socialistas revolucionários se apresentam mais burocráticos que revolucionários. Assim raciocina:

Observando a ação deles [bolcheviques e socialistas revolucionários] em Alexandrovska, anteriormente nos congressos departamentais, onde constituíam a maioria, pressentia que a coesão desses partidos era uma ficção e mais cedo ou mais tarde um desses partidos absorveria ou devoraria brutalmente o outro, pois os dois são partidários do princípio do Estado e de sua autoridade sobre a comunidade livre dos trabalhadores. (ibidem, p.154)

Makhno se convence de que não era o povo que usufruía das liberdades, mas sim os partidos políticos, e chegaria o dia em que o povo seria esmagado pela bota militar. Em suma, segundo Makhno, o povo ouve as decisões tomadas pelos partidos "nas cozinhas políticas de seus comitês centrais".

Chegando a Gulai Pole, Makhno é eleito pelo soviete local presidente do Comitê Revolucionário, e sob sua direção o Conselho desarma o batalhão do Regimento 48 de Berdiansk, acantonado em Orakhovo e constituído de partidários do general Kaledine e da Rada. As armas são entregues ao exército de camponeses livres de Gulai Pole. Makhno vê como necessidade imperiosa armar os camponeses, ante a notícia de um tratado de paz de Lenin com os alemães e a Rada. Com aprovação unânime, o soviete local obtém letras dos diretores do banco em Gulai Pole, sacando 250 mil rublos para armar a população.

Iniciam-se as trocas diretas entre campo e cidade: os trabalhadores urbanos enviam tecidos e os camponeses, trigo e outros gêneros alimentícios. Com isso evidenciam-se a inutilidade dos burocratas do Estado e a vantagem das trocas diretas entre os produtores. É a proposta da sociedade igualitária e socialista que entra em ação sem delongas. Porém o governo bolchevique barra tais trocas, alegando estar sendo criada uma organização do Estado com essa função.

Em fevereiro e março de 1918 completa-se a coletivização das terras. Os ex-proprietários ficam com dois cavalos, duas vacas, uma charrua, uma semeadeira e uma ceifeira para seus serviços. Organizam-se as comunas coletivas. Criam-se armazéns gerais. Cria-se a cozinha comum, havendo liberdade, no entanto, de alguém cozinhar individualmente, se o preferir. Definem-se programas de trabalho. Criam-se escolas, fundadas no método libertário do espanhol Francisco Ferrar: a autodisciplina substituindo a disciplina imposta, e educação sem prêmios ou castigos, vinculada ao estudo da natureza no local (ciências naturais) e ao trabalho.

> Enquanto isso, os adeptos do capitalismo de Estado enfrentam o problema: como manter ante as massas a imagem de pioneiros e líderes da revolução e ao mesmo tempo desviá-la de sua luta autônoma e criativa e colocá-la a serviço do estatismo, decorrente das ordens e diretivas do Comitê Central do Partido e do Governo? (ibidem, p.191.)

Reflexões sobre o socialismo

Makhno concluiu que na orientação imprimida à revolução pelo Partido Bolchevique não havia espaço nem para as comunidades agrárias autônomas, organizadas livremente pelos camponeses, nem para a transferência dos meios de produção para a mão dos trabalhadores.

O governo bolchevique, após assinar o tratado de paz de Brest-Litovsk (1918), retirou suas forças da Ucrânia, deixando-a entregue aos reacionários da Rada e ao exército germano-austríaco que ocupava a capital, Kiev, totalizando mais de 600 mil soldados.

Porém o exército camponês vence os ex-generais czaristas como Petliura e Denikin e susta o avanço alemão. Ao mesmo tempo, discutia-se em Moscou a maneira de se aniquilar a Makhnovistchina. Em 10 de abril de 1919, reúne-se um congresso camponês para discutir a intervenção de membros da *Tcheka* em suas organizações. Dybenko, em nome do governo soviético e como comandante de divisão, declara esse congresso contrarrevolucionário.

As milícias camponesas derrotam as tropas bolchevistas do general Wrangel, mas, ao voltarem da batalha pelo istmo de Perekop, foram dizimadas pelo Exército Vermelho, "em nome da revolução".

7
O capitalismo de Estado na URSS

A repressão à Oposição Operária, à revolta de Kronstadt e à revolução na Ucrânia mostra a profunda incompatibilidade entre a proposta socialista fundada na autonomia da ação da classe, na sua auto-organização, e a proposta bolchevista que, por meio da hegemonia do Partido, constrói o capitalismo de Estado.

A burocracia estatal soviética cumpriu o mesmo papel industrializante que a burguesia clássica cumprira no Ocidente. A URSS tornou-se uma grande potência e sua política corresponde a isso. Comparativamente, o nível de vida médio soviético é superior ao do período czarista. Porém a burocracia soviética administra o Estado como uma propriedade privada. A adoção do taylorismo nas fábricas, o papel disciplinador conferido aos sindicatos — o que levou à formação de uma oposição sindical, dirigida pelo metalúrgico Klebanov — e a manutenção do salariado conferem ao Estado russo o caráter de um capitalismo de Estado integral.

Nesse sentido, Stalin foi um perfeito continuador da obra de Lenin, e Trotski, este de início profeta armado, criador do Exército

Vermelho e, depois, expulso da URSS (1929), converteu-se em profeta desarmado. Somente após perder o poder é que Trotski retoma o tema da democracia operária como reivindicação socialista.

É importante notar que, ao tornar-se a URSS grande potência, a Terceira Internacional, que agrupava os PCs existentes, tornou-se mero instrumento da política externa soviética. Com os acordos da Conferência de Ialta, ao final da Segunda Guerra (1945), a URSS praticamente ocupou a Europa oriental. E, por mecanismos de integração econômica — como o Conselho Econômico de Assistência Mútua (Comecon), criado em 1949 — e de coordenação militar — como o Pacto de Varsóvia (1955) —, constituiu seu bloco de influência autodenominado Bloco Socialista.

Isolado da China e privado da adesão incondicional de Iugoslávia e Albânia, o Bloco Socialista agrupa 340 milhões de pessoas, cerca de 10% da população mundial. Daí a importância do Comecon como fator de agrupamento econômico e do Pacto de Varsóvia como fator de agrupamento político-militar dos países do Leste Europeu.

A hegemonia russa foi expressa claramente por Brejnev na "teoria da soberania limitada". De um lado, proclama-se imune à crise do capitalismo ocidental; de outro, os países integrantes do Comecon fixarão seus preços anualmente, para "assumir uma melhor correlação com as condições do mercado mundial" (Bernardo, s.d., p.2).

Os países socialistas integrantes do Comecon participam das trocas internacionais. Em 1960, o volume de trocas desses países atingia 20% do comércio externo, e em 1973 passou a 28% (ibidem, p.3). Isso mostra a dependência dos países do Bloco Socialista em relação às flutuações econômicas internacionais.

Nas relações dos países do Bloco Socialista com a URSS ocorre uma troca desigual. Por exemplo, no caso da Hungria, enquanto esta, de 16 rublos passou a pagar 36 por tonelada de petróleo importado da URSS, o que significou um aumento de 131%, os

Reflexões sobre o socialismo

preços das máquinas que ela vendeu à URSS tiveram um aumento de apenas 33%.

A renda nacional dos países do Comecon cresceu 10% em 1955-60, hoje (1986) atinge 4%. Na Polônia, recessões sucessivas — 1956, 1962 e 1970 — levaram a reformas já superadas quando postas em prática e a uma abertura à tecnologia capitalista ocidental.

À inflação junta-se a penúria de bens de consumo, o que levou na Polônia, já em 1974, a grandes filas junto aos armazéns. Entre as causas da inflação estão o desequilíbrio nos investimentos, a incoerência no planejamento, o peso crescente de uma burocracia estatal cada vez maior e o aumento de despesas militares na URSS, que atingem 10% do produto interno bruto (PIB).

Iugoslávia e Hungria abrem-se aos investimentos capitalistas.

A crise do capitalismo reflete-se no Leste Europeu. Daí as rebeliões de 1953 em Berlim, de 1956 na Hungria e de 1968 na Checoslováquia, e os vários movimentos que conduziram à formação do sindicato Solidariedade, na Polônia.

É uma reação do proletariado ao capitalismo estatal da URSS e dos dirigentes dos Estados socialistas do Leste Europeu.

Exemplificando mais claramente, enquanto as trocas com os países capitalistas ocidentais representavam 31% do comércio externo da URSS, as com os países integrantes do Comecon representavam 54%, e as com países em vias de desenvolvimento, 13%. "A Alemanha Federal vem à cabeça dos parceiros capitalistas da URSS, seguida do Japão, Finlândia, Itália, França, depois Grã-Bretanha e EUA" (ibidem, p.17).

8
A luta pela autogestão no Leste Europeu

A Revolução Húngara

Quando Kruchev subiu à tribuna do XX Congresso do Partido Comunista da URSS (1956) para denunciar o "culto à personalidade" de Stalin, não só definiu o fim da era stalinista, como também tirou o movimento comunista internacional de seu sono dogmático. E uma espécie de segunda Revolução de Outubro abalou os dez anos de stalinismo através da Europa, levando os regimes das "democracias populares" à hora da verdade.

Stalin violara a "legalidade revolucionária", montando, com provocações e mentiras, processos políticos inúteis que caluniavam seus adversários. Ele foi o criador do termo "inimigo do povo", amplamente utilizado nos processos de Moscou de 1936-1938, quando foram fuzilados os ex-membros do Comitê Central do PC soviético de 1917, com exceção de Trotski, deportado em 1929.

A Revolução Húngara de 1956 caminhou na mesma trilha da Oposição Operária na URSS, em 1918, da Rebelião de

Kronstadt e da revolução camponesa autogestionária na Ucrânia (1918-1921). Foi realmente soviética, desde que entendida como o exercício do poder por mediação de conselhos livremente eleitos pelos trabalhadores. Criou seus órgãos revolucionários estruturados horizontalmente (conselhos operários), comitês urbanos, conselhos de bairros e conselhos profissionais. Foi a primeira revolução soviética antissoviética dirigida contra a burocracia do PC e do Estado.

No processo da insurreição, os membros do Partido que dela participavam juntaram-se aos sem-partido; já não havia organização, pois esta tinha sido implodida pelas massas.

No plano das empresas, os trabalhadores húngaros reivindicavam a administração direta da produção por quem trabalha. No plano sindical, a reivindicação central era a completa autonomia dos sindicatos em relação ao Estado e ao Partido, argumentando "ser um absurdo que dezenas de milhares de trabalhadores sejam submetidos à direção do Partido se a ele não pertencem".[1]

Ante a presença das tropas russas de ocupação, os trabalhadores mineiros reuniram-se em Budapeste, para expressar sua desconfiança no governo de János Kadár (imposto pela URSS) e pedir a volta de Imre Nagi como primeiro-ministro. A independência do proletariado organizado ante o Partido e o Estado transformou-se em realidade.

A liquidação da burocracia planejadora realizou-se quando os trabalhadores armados apossaram-se das fábricas. Isso levou o governo Kadár a aceitar o fato consumado: a autogestão operária das empresas.

Os diferentes conselhos operários uniram-se em federações locais, departamentais e numa federação nacional, conforme os ramos industriais. Esses conselhos criticaram duramente a burocracia. Segundo eles, o poder burocrático, além da força

---

1 LA RÉVOLTE de la Hongrie. *Les Temps Modernes*, p.777, jan. 1957.

Reflexões sobre o socialismo

político-militar-policial, fundava-se também na desconfiança das organizações de base — o que levava a restrições em sua atividade, controlada por normas rígidas —, na impossibilidade de personalidade e iniciativa se desenvolverem, na fuga das responsabilidades, na recusa a considerar os aspectos locais e específicos dos problemas, na perda de contato com o real e no controle total exercido pelos órgãos superiores.

Qual o resultado dessa estrutura? "Haverá muitas coisas a contar", diz um operário. Mas o problema central é que há falta de coragem para fazê-lo.

> Em Csepel (uma usina metalúrgica) como em outras fábricas, a atitude dominante dos trabalhadores rege-se pela filosofia empobrecida, segundo a qual "em boca fechada não entra mosca". Tomemos um exemplo da vida cotidiana na usina. Alguns operários discutem se Imre Nagi (primeiro-ministro fruto da Revolução e deposto pelo exército soviético) aceitará fazer sua autocrítica; por que Tito viajou para a Crimeia, e se os salários serão pontualmente pagos no dia 1º do mês. Um responsável da organização de base do PC aproxima-se deles e a conversa muda para tratar de futebol, do número de jogos programados para a semana.[2]

Sem dúvida, isso explica muito do silêncio e da revolta operária conhecida como Revolução Húngara.

Com base num artigo do Pacto de Varsóvia, o Exército Vermelho invade a Hungria, os líderes Nagi e Maleter são assassinados, e János Kadár sai da cadeia para ocupar o cargo de primeiro-ministro.

Atualmente,[*] a Hungria pretende ser competitiva no mercado mundial capitalista. Para isso, as suas empresas deverão pagar a energia e as matérias-primas a preços reais, sem subvenção estatal, o que significa um aumento de 64% no preço do

---

2 *Les Temps Modernes*, idem, p.929.
* Em 1986, data da primeira edição do livro (N.E.).

67

carvão, 22% no preço da eletricidade e 30% nos preços dos produtos químicos. Para absorver esses aumentos e vender a preços competitivos no mercado externo,

> as empresas industriais deverão aumentar a produtividade, reforçar a disciplina nas fábricas, despedir a mão de obra excedente, diferenciar sensivelmente os salários segundo o rendimento, exigir mais responsabilidade dos gerentes, pagando melhor os que mostrem mais iniciativa e mantenham o respeito pela ordem e a disciplina. (Claudin, 1982, p.182).

O código trabalhista foi modificado para que essas medidas pudessem ser aplicadas. Isso foi acompanhado de discursos contra o "igualitarismo", conforme o jornal *Le Monde* de 23 e 24 de março de 1980 (apud Claudin, 1982, p.182).

O caso da Checoslováquia

A Primavera de Praga, movimento idêntico à Revolução Húngara, continua com as mesmas reivindicações desta: liberdade de imprensa e de consciência, reforma econômica que limite o planejamento centralizado na burocracia de Estado, abolição da censura e democratização da vida política. Novotni é substituído por Svoboda na presidência da República.

De Moscou, Varsóvia e Berlim Oriental partem críticas ao "novo rumo" tomado por Praga. Moscou realiza manobras dos exércitos do Pacto de Varsóvia em território checo. O maior temor da URSS era que o exemplo checo contagiasse a Europa oriental. Daí decidir pela invasão (1968), apresentada como "normalização", e destituir Dubcek como secretário-geral do PC checo, substituindo-o por Husák, de confiança dos invasores.

A situação do cidadão checo sob ocupação soviética é sintetizada numa carta do filósofo Karel Kosik a Sartre, na qual escreve: "Como filósofo e autor, sou, na minha pátria, um enterrado vivo; como cidadão, fui despojado dos direitos fundamentais e vivo acusado e suspeito permanente" (ibidem, p.213).

Iugoslávia: uma autogestão limitada

Uma experiência alternativa de oposição à burocracia de Estado, partido e sindicato é a prática da autogestão iugoslava.

A autogestão real procura superar a antinomia entre Estado e Sociedade Civil por meio de uma autogestão generalizada. Nesse sentido é fundamental que o homem tenha poder sobre o imediato e sobre a gestão de suas atividades, se bem que em geral ele dependa do que ocorre nas outras esferas das atividades humanas. Daí a importância nacional dos conselhos de trabalhadores.

A profunda limitação da autogestão iugoslava é que nas empresas ela é meramente formal, na medida em que, separados delas, existem o aparelho político e o poder do Estado. O Estado limita a autogestão operária na fábrica a aspectos secundários, enfatizando especialmente a produtividade, e a Liga dos Comunistas da Iugoslávia, partido único, exerce poder sobre os aspectos mais significativos da vida social e econômica do país e, logicamente, sobre o que ocorre no interior das unidades fabris.

Pesquisas recentes[*] têm demonstrado a participação cada vez maior dos ditos "quadros técnicos" nos órgãos de autogestão, em detrimento do trabalhador de linha.

É importante notar que a opção iugoslava pelo socialismo se realiza por meio de um processo de industrialização. E, considerando que tal processo tanto no Ocidente quanto no Leste Europeu está vinculado a uma dimensão repressiva, cabe a pergunta: que tipo de vínculo existe na Iugoslávia entre o socialismo — entendido como a classe operária no poder — e o processo de industrialização?

---

[*] Em 1986, data da primeira edição do livro (N.E.).

Na Liga dos Comunistas da Iugoslávia, inicialmente, 4/5 dos seus membros eram representados por operários e camponeses. Em 1957, essa cifra cai para menos da metade e, em 1967, segundo informes da Liga, o declínio continuou paralelamente ao aumento do número de burocratas. Isso se deve ao tipo de recrutamento havido e aos pedidos de demissão ou exclusão. Em 1966, 54% dos demissionários pertenciam à classe trabalhadora. Há uma confluência dos membros da Liga dos Comunistas, que detêm o monopólio do poder político, com a burocracia, formada por intelectuais, técnicos ou não.

Drulovic, estudioso da autogestão iugoslava, mostra que idêntico processo ocorre nas indústrias, onde os trabalhadores qualificados e os altamente qualificados cada vez mais predominam nos órgãos "autogestionados".

Já os trabalhadores sem qualificação que, em 1968, constituíam 60% dos conselhos, baixaram para 55% em 1970. Cada vez mais os trabalhadores vinculados à produção participam menos das decisões mais amplas das unidades industriais. Há uma hegemonia dos administradores profissionais, dos membros da Liga dos Comunistas e dos trabalhadores altamente qualificados sobre os trabalhadores, a classe dominada.

A Liga dos Comunistas exerce sua influência nas unidades industriais via comuna (unidade municipal com relativa autonomia). Outro canal de influência da Liga são os sindicatos, que têm pouca autonomia, uma vez que são subvencionados pelas unidades industriais.

Até 1950, o presidente Tito manteve um planejamento econômico centralizado com base no modelo da URSS. Após o rompimento com Stalin, opta pela economia socialista participativa, rejeitando o modelo russo. Ao lado da descentralização econômica, vincula um planejamento e uma relação de mercado.

Apesar do igualitarismo proclamado na Iugoslávia, existe a diferenciação entre os que são membros da Liga e os que a ela não pertencem. A ênfase na produtividade leva a tensões entre os trabalhadores e a tecnocracia "autogestionária". Quem acaba ganhando com isso é a classe média, e quem paga o custo social da estabilização da classe média é a classe operária.

A alta burocracia tem seus privilégios, como pagamento pela "maior responsabilidade" na manutenção da economia do Estado. O sistema permite certa ascensão social a alguns trabalhadores, mas até quando não se sabe, pois há um movimento de oposição. Os filhos dos privilegiados, embora não herdem a propriedade, herdam o nível de vida, o capital cultural e o capital de relações sociais com a "camada dominante".

Em suma, podem-se tratar de relações capitalistas de produção sem modo capitalista de produção, um capitalismo de Estado apenas mais "civilizado" — em relação a outros países do Leste Europeu e da URSS.

Mesmo com as deformações referidas, a reivindicação autogestionária na Iugoslávia continua a tradição das lutas dos que se opuseram à burocracia de Estado e ao monopólio do poder por um partido único, desde 1920 até hoje.

9
Uma resposta operária ao capitalismo de Estado na Polônia

Outra prática que continua a luta de oposição à burocracia e à hegemonia do poder do Estado foi a desenvolvida pelo sindicato Solidariedade.

O movimento social começou em 1970, quando 17 mil trabalhadores dos estaleiros Lenin em Gdansk reclamaram a reintegração da operária Anna Valentinovicz e a construção de um monumento em homenagem às vítimas da repressão do "Estado socialista" — operários em sua totalidade.

Os estaleiros de Gdansk aderem à greve e cria-se o primeiro Comitê de Inter-Empresas de Gdansk (MKS), que redige 21 reivindicações: 1) sindicatos livres; 2) direito de greve; 3) respeito à liberdade de expressão; 4) libertação dos prisioneiros políticos, com a reintegração de pessoas demitidas por defenderem o direito dos trabalhadores, e dos estudantes excluídos das universidades por suas opiniões; 5) transmissão das reivindicações do MKS pela TV; 6) discussão pública, com base em informações corretas, a respeito de reformas econômicas; 7) pagamento dos dias de greve com os fundos do sindicato oficial; 8) aumento salarial mensal de 2.000 *zlotys*; 9) escala móvel de salários; 10) priorizar o abastecimento no mercado interno; 11) racionamento da carne; 12) supressão das "lojas especiais" para consumidores que tenham divisas estrangeiras; 13) designação dos "quadros" segundo sua competência e não pelo fato de pertencerem ao Partido, abolição dos privilégios materiais de que desfrutam a milícia, a polícia e o "aparelho"; 14) aposentadoria aos 50 anos para as mulheres e aos 55 para os homens; 15) aumento salarial dos aposentados; 16) melhora das condições de trabalho dos funcionários vinculados à saúde; 17) criação de creches e escolas maternais; 18) férias-maternidade de 3 anos; 19) redução do prazo de espera para ocupar apartamentos; 20) aumento dos subsídios ao transporte; 21) sábado livre para todos os trabalhadores.

O Solidariedade não é o início de algo novo, mas representa a continuidade de um processo de contestação dos operários que, em 27 de abril de 1956, conseguiu a libertação de 35 mil prisioneiros políticos, mediante a promulgação de uma lei de anistia. Logo depois, em 28 de junho, estouraram greves operárias reivindicativas em Poznan, a partir da usina Zispo.

A delegação operária de Poznan volta de Varsóvia sem solução para nenhuma das reivindicações apresentadas ao governo socialista, eclodindo, então, uma manifestação nas ruas de Poznan, onde se misturaram hinos patrióticos, religiosos e canções socialistas.

Trabalhadores de várias empresas juntam-se à manifestação, invadem a sede da polícia e apoderam-se de armas. Outros grupos operários invadem a rádio estatal e forçam a abertura das prisões. Uma parte dos manifestantes dirige-se à sede da polícia política, particularmente odiada por sua atuação repressiva no período stalinista.

Estabelece-se o confronto entre os manifestantes e as "forças da ordem"; tanques e unidades da milícia e da polícia política atiram contra os manifestantes. Resultado: 75 manifestantes mortos, 900 feridos e 746 aprisionados. Essa repressão unifica os partidários de uma mudança política.

Reflexões sobre o socialismo

Em outubro de 1956, Ochab deixa o cargo de secretário-geral do Partido Operário Unificado Polonês (o PC polonês), substituído por Vladislav Gomulka. Uma delegação política russa com Kruchev à frente, acompanhado dos principais generais do Exército Vermelho, dirige-se a Varsóvia, enquanto tropas russas realizam manobras intimidatórias junto à fronteira com a Polônia, pressionando para impedir a eleição de um novo comitê central.

Gomulka recebe o apoio de milhares de operários e estudantes; Kruchev volta a Moscou e Gomulka torna-se o secretário-geral do POUP (Partido Operário Unificado Polonês). O general Rokossovski, russo de nascimento, que exercia um cargo no Comitê Central do POUP, volta à URSS. Gomulka conta com apoio total dos trabalhadores, que chegam a cumprir jornadas de trabalho de 14 a 16 horas diárias.

A ascensão de Gomulka significou a limitação dos poderes da polícia; a criação de um conselho econômico para elaborar um novo modelo de planejamento econômico; maior liberdade ao pequeno comércio e ao artesanato; maiores poderes ao Parlamento; a moderação da censura; e universidade e imprensa menos controladas pelo Estado e emancipadas da cultura russa. Porém, isso não durou muito tempo. A revista *Po Prostu (Simplesmente Tudo)*, que teve papel importante junto à opinião pública no processo de democratização, é suspensa. Nas fábricas, os conselhos operários são substituídos por conferências operárias, monopolizadas pelo Partido e destituídas de poder real, gerando apatia entre os trabalhadores.

O período 1955-1970 caracteriza-se pelo desenvolvimento da especulação, penúria de bens de consumo, tráfico de divisas e procura de empregos para complementação de salário. Assiste-se à ascensão do grupo antissemita denominado Os Partidários, sob liderança do general Moczar, nomeado ministro do Interior e conhecido pelo seu antissemitismo e desprezo aos intelectuais.

A interdição pela censura de uma peça teatral do poeta polonês Mickievicz, sob acusação de antissovietismo, provoca manifestações estudantis na Universidade de Varsóvia, violentamente

reprimidas. O POUP e o general Moczar utilizam-na como pretexto para uma campanha de "depuração" dos meios intelectuais
e universitários, acusando de sionismo os comunistas de origem
judaica. Expulsão do Partido, exclusão dos locais de trabalho
e convite para deixar o país (na base do "ame-o ou deixe-o",
que conhecemos no Brasil no auge do período repressivo sob o
governo Médici), eram as normas dominantes para milhares de
poloneses de origem judaica. Enquanto isso, a Polônia, a China
Popular e Cuba apoiam a invasão russa da Checoslováquia, que
terá a participação de divisões polonesas.

Entre 14 e 18 de novembro de 1970, eclodem greves de
massa nos estaleiros navais e em outras empresas de Gdansk,
Gdynia, Szczecin e Eblag, por causa do aumento nos custo dos
gêneros alimentícios. Os membros do governo operário e do
POUP recusam-se a qualquer diálogo com os grevistas, e a repressão com tanques e metralhadoras põe fim às mobilizações.
O número real das vítimas dessa repressão jamais foi conhecido. O
procurador de Gdansk apresentou uma lista de 28 mortos, e a
polícia autorizou 50 famílias a realizarem, à noite, o enterro de
seus parentes; os habitantes de Gdansk, porém, avaliaram em
150 o número de mortos.

Por ocasião das greves em Szczecin, Gomulka é substituído
na chefia do governo por Edward Gierek, que recorre a promessas
de melhora econômica para esvaziar o movimento.

Com as demissões de 1971-1972, Gierek assegura sua hegemonia. Inaugura a "propaganda do sucesso", fundada num desenvolvimento da indústria pesada e num forte apelo ao consumo.
É o "milagre" polonês, aplaudido pelo capitalismo ocidental,
pois se dá vinculado a um endividamento externo colossal (cujas
dimensões exatas serão conhecidas publicamente em 1980).

Em 1974, o escritor Jacek Kuron publica sua *Carta aberta ao
Partido Operário Polonês*, na qual defende a necessidade de uma
revolução antiburocrática fundada na instalação de conselhos
operários com poder real. O que ele recebe em troca é a condenação a três anos de prisão.

Reflexões sobre o socialismo

Em junho de 1976, a alta dos preços de gêneros de primeira necessidade novamente leva às greves nas usinas Ursus e na cidade de Radom. Reação oficial: 2.500 prisões, seguidas de 450 condenações a penas de prisão de dois anos. Aparece, então, o boletim clandestino do KOR (Comitê de Autodefesa dos Trabalhadores) denunciando tais fatos.

Cria-se uma universidade volante da qual participam mais de 90 professores, que ministram conferências e cursos sobre temas excluídos dos currículos oficiais. Aparece o jornal *Rabotnik* (*O Operário*), com tiragem de 15 mil exemplares. Surgem, paralelamente, sindicatos livres urbanos e rurais. É quando o milagre polonês entra em crise, e o "Estado socialista" perde qualquer credibilidade junto aos trabalhadores. Emerge o sindicato independente Solidariedade, que torna paralelo o sindicato oficial.

As greves nos estaleiros navais e em outras empresas e a criação de comissões interfábricas levam o governo a celebrar o Acordo de Gdansk. O Solidariedade será oficialmente reconhecido somente por decisão da Suprema Corte.

Com o Solidariedade, surge um sindicato fundamentado na autogestão das lutas e da estrutura organizatória dele mesmo, fundado nos locais de trabalho.

O movimento sindical independente emerge ao lado de uma pluralidade de ideologias, católica, nacionalista, socialista independente, que procuram preencher o vazio intelectual provocado pelo partido único. Logicamente, o reconhecimento do direito à greve pelo "Estado operário" significou o fim do monopólio do poder pela burocracia estatal aliada à do POUP.

Em 1981, o Solidariedade publica um boletim com uma tiragem de 500 mil exemplares em que predomina o tema da autogestão. Na época foi elaborado um projeto de empresa dirigida por um conselho de autogestão, responsável pela nomeação e destituição da direção da empresa, a qualquer tempo.

O Solidariedade pretende criar uma "república autogestionária". Nessa república, cada um é sujeito de sua ação, participa da criação e distribuição dos bens e da vida política e social. A pluralidade de formas da vida social, o desenvolvimento da liberdade de ação e expressão das minorias políticas, nacionais, culturais e religiosas, e o respeito e a tolerância mútuas constituem seus princípios fundamentais.

É necessário preservar formas de democracia direta nas questões fundamentais sobre o conjunto da sociedade, por via de referendos locais ou nacionais. Qualquer decisão do Estado é submetida a controle social. O poder do Estado é limitado, tanto quanto possível, pelos órgãos de autogestão dos trabalhadores e da população, por órgãos de movimentos de cooperativas ou de consumidores e por associações diversas e federações que se possam constituir. (*L'Alternative*, p.86)

A preocupação do Solidariedade era o fortalecimento da participação operária e popular e, por meio da autogestão das instituições, limitar o poder do Estado. Não havia intenção de derrubar o poder governamental via revolução.

Porém a resposta do "Estado operário" não se fez esperar. Desacreditados o partido único e o sindicato oficial, restou à burocracia dominante o recurso ao exército. Em 13 de dezembro de 1981, o Conselho Militar de Salvação Nacional salva a burocracia, decretando o estado de guerra.

O governo dissolve oficialmente o Solidariedade e as várias associações civis de estudantes e jornalistas; proíbe concentrações públicas, greves ou protestos, e estabelece a lei marcial das 22h às 6h da manhã. Os sábados livres são suprimidos, e a desobediência pode ser punida com uma pena que varia de três anos de prisão à condenação à morte.

Em 15 de dezembro, os grevistas do porto de Szczecin, integrantes do Solidariedade, lançam o seguinte apelo ao mundo:

A todos os parlamentos, a todas as nações e aos homens de boa vontade que prezam a democracia, a liberdade e os direitos dos trabalhadores.

Com o risco de nossa vida e nossa liberdade, ao desprezo dos dispositivos draconianos da lei marcial, apesar da tentativa de paralisar-nos pelo medo, centenas de milhares de trabalhadores e operários poloneses entraram em greve e exigem o fim do estado de sítio, a libertação de todas as pessoas presas, a restituição de todos os direitos sindicais e democráticos conquistados pelo nosso povo após agosto de 1980. Apoiai nossa luta por protestos em massa e por vosso apoio moral. Não ficai de braços cruzados ante a tentativa de esmagamento dos inícios de uma democracia em pleno coração da Europa. Ficai conosco nestes momentos difíceis. A Polônia ainda está viva. (*L'Alternative*, p.94.)

Durante o estado de guerra, o "Estado socialista" redobrou suas atividades repressivas: verificação de documentos de cidadãos em qualquer local e a qualquer hora; censura telefônica; demissões em massa de trabalhadores; discriminação quanto a salários, e transferência de uma ocupação para outra qualquer. Tais medidas são altamente danosas ao trabalhador, especialmente num país que, em 31 de dezembro de 1981, contava com 12.219.400 pessoas integrando sua mão de obra ativa, das quais 11.994.100 trabalhavam no setor público.

O estado de guerra permite ao diretor de uma empresa demitir o trabalhador sem que este possa recorrer a quem quer que seja, especialmente quando se tratar de empresa militarizada. Isso atinge principalmente os militantes do Solidariedade.

Outra forma de controlar os trabalhadores foi a introdução de uma "comissão de verificação", que tinha como função "qualificar" o trabalhador, determinando se este podia ou não continuar trabalhando. Para tanto, essa comissão procura assegurar-se por escrito da lealdade ideológica do trabalhador ao POUP e ao Estado. Tais procedimentos predominaram na área de rádio e TV polonesas.

Uma circular encaminhada pelo Conselho de Ministros aos ministros, chefes de administração central e regional e presidentes de comunas exigia dos funcionários "um engajamento político e devotamento inequívoco ao Estado. Daí a necessidade de submeter a interrogatórios os funcionários que pertençam ao Solidariedade" (*L'Alternative*, p.45-47).

Além da declaração escrita de lealdade ao poder, a administração exigia outra na qual o declarante pedia demissão do

Solidariedade. No Ministério dos Transportes, 120 em 250 trabalhadores recusaram-se a fazê-lo, mas foram demitidos.

No país da "ditadura do proletariado", conforme o artigo 14 § 2º do decreto de 12 de dezembro de 1981, "a participação em movimentos grevistas é uma infração grave às obrigações fundamentais dos trabalhadores" (*L'Alternative*, p.48).

O princípio da "responsabilidade coletiva" foi introduzido nos locais de trabalho; assim, a descoberta de folhetos num instituto de pesquisa levou à demissão de 62 trabalhadores.

A atual anistia decretada pelo governo polonês beneficiou parte dos condenados, em sua maioria por crimes comuns. Aqueles que sofreram condenação por "crimes políticos" ou continuam internados, ou foram libertados, encontrando-se, porém, sem possibilidade de reintegração ao trabalho.

O Solidariedade, autolimitando sua ação no sentido de ser uma organização que integre (como o fez) e organize a maioria do proletariado urbano e rural e as camadas médias, intelectuais ou não, excluiu o problema do poder do Estado do âmbito de suas preocupações, razão pela qual o partido dominante utilizou-se da última reserva confiável para se defender: o exército, que deu um golpe de Estado, estabeleceu a Lei Marcial, reviveu as medidas antigreves e esmagou qualquer tendência de auto-organização autônoma dos trabalhadores, reprimindo os comitês de greve pela força e colocando o Solidariedade na ilegalidade. Assim, com o retorno da máquina estatal burocrática anterior ao aparecimento do Solidariedade, era inevitável que ela fosse utilizada contra os trabalhadores.

A derrota do proletariado polonês parece similar à sofrida pelo proletariado italiano após a guerra (1914-1918). A cidade mais industrializada da Itália, Turim, estava dominada pelos comitês de fábrica. Porém o aparelho de Estado estava intacto, e a contrarrevolução se deu através da Marcha sobre Roma, que mobilizou não mais que 200 militares (*carabinieri*) e fascistas civis, apoiada na qual Mussolini ascendeu ao poder e estabeleceu uma ditadura que durou mais de 20 anos.

10
O eurocomunismo

O stalinismo de 1929 a 1950, as repressões a ele vinculadas e as cisões que provocara nos PCs ocidentais; o afastamento da China do modelo russo após 1945; a via iugoslava da forma híbrida de autogestão, para se chegar a um Estado e a uma economia de mercado do tipo socialista; a cisão da Albânia e os indícios de independência da Romênia, especialmente no plano da política internacional, questionam a noção de Moscou ser a terceira Roma, ou de o Partido Bolchevique ser o centro irradiador de palavras de ordem aos PCs do mundo.

Especialmente a invasão da Hungria e a repressão à sua revolução, a invasão da Checoslováquia e a repressão à sua rebelião e também a repressão na Polônia desgastam a imagem dos PCs ocidentais, principalmente na Itália, França e Espanha. Em grau maior na Itália e Espanha e em nível menor na França, forja-se o eurocomunismo, para fazer frente inicialmente à perda maciça de militantes ocorrida após cada intervenção russa num país do Bloco Socialista.

Como fazer frente à hegemonia russa?

Isso implica que os PCs ocidentais não mais aceitam o PC russo como partido guia do movimento social e a URSS como o grande modelo socialista a construir e imitar. O centro único transforma-se em policentrismo; o internacionalismo proletário, identificado como a defesa da URSS acima de tudo, levará à proliferação de comunismos nacionais.

Além disso, a burocracia russa teme as repercussões internacionais de qualquer avanço da revolução socialista no mundo fora de seu controle e também que a despolitização e a passividade do proletariado russo — bases da hegemonia burocrática — possam tomar outra direção por causa de acontecimentos internacionais. Daí a partilha do mundo entre esferas de influência na Conferência de Ialta, após a Segunda Guerra Mundial (1945), com tratados entre URSS, Inglaterra, França e EUA. A política de coexistência pacífica substitui a preocupação inicial de internacionalização da Revolução Russa.

Não foi por acaso que, durante a Guerra Civil Espanhola (1936-1939), a política oficial da URSS e do Partido Comunista Espanhol (PCE) tenha sido: nem Franco nem a revolução social, mas uma frente única de todas as classes em torno da Frente Popular. Essa política, na avaliação de Stalin, impediria a vitória de Franco, cuja união com Hitler, Mussolini e Salazar também seria um empecilho a qualquer tentativa de mudança social revolucionária na Espanha.

Após a Segunda Guerra Mundial, à medida que os PCs se integram aos Estados burgueses ocidentais, apropriando-se dos privilégios da democracia parlamentar em função de seu eleitoralismo, sofrem pressões diversas e até mesmo opostas às sofridas da URSS. Toda uma geração de membros dos PCs ocidentais preparou durante anos eleições e ações reivindicatórias imediatas.

Os interesses dos aparelhos burocráticos dos PCs ocidentais tornam-se progressivamente autônomos diante da URSS: ganhar eleições nos parlamentos, nos sindicatos e nas cooperativas ocupa o lugar da "defesa da pátria socialista" — a URSS. O eurocomunismo avança passo a passo com o fim do stalinismo como modelo teórico e prático do movimento operário. Portanto, a URSS corre o risco de perder tudo aquilo que não possa controlar direta ou indiretamente.

Enquanto a URSS condena a Aliança Atlântica, os PCs italiano e francês tomam uma posição neutra, autodenominada "neutralismo positivo".

Os eurocomunistas já declararam várias vezes que, quando seus partidos estiverem participando do poder, não pretendem deixar a Aliança Atlântica; ao contrário, pretendem lutar pelo reforço da defesa da "nação" (leia-se "burguesia nacional"). Trata-se de salvar as conquistas já adquiridas, pois qualquer crise do Estado democrático irá colocá-las em perigo. O PC aparece como sendo o partido da ordem.

O eurocomunismo, na realidade, procura administrar a crise do sistema, uma vez que atualmente o capitalismo preocupa-se com tudo menos com reformas sociais gradativas que favoreçam o trabalhador.

Os PCs europeus escapam à tutela russa e à ortodoxia ditada pelo stalinismo ou neo-stalinismo, mas escaparão também à integração ao esquema hegemônico montado pela burguesia dos países em que se instalam, no sentido de se manterem fiéis à luta de classes e ao conjunto de trabalhadores?

Para deter o monopólio de sua clientela, os PCs europeus necessitam manter sua identidade, daí procurarem diferenciar-se da social-democracia, recorrendo a ataques públicos. E para manter sua imagem como tal, procuram frear os confrontos diretos de classe, encaminhando as reivindicações através do parlamento de cada país, ao mesmo tempo em que defendem a distensão das relações internacionais.

Ao se definir pelo pluripartidarismo, o eurocomunismo abriu uma imensa brecha no interior dos PCs ao não propor os conselhos operários como formas de organização proletária, tornando, assim, limitada a crítica do eurocomunismo ao stalinismo.

Quando os PCs da Itália, Espanha e França abjuram a tese da ditadura do proletariado de Marx interpretada por Lenin e realizada sob Stalin, concluem um processo de revisão da obra de Marx que fora iniciado pela social-democracia no início do século XX.

Para a URSS, uma integração profunda dos PCs ocidentais no aparelho de Estado capitalista poderá ter consequências negativas na manutenção da lealdade política destes a ela. O perigo que a burocracia soviética vê no eurocomunismo está em que reivindicações tais como liberdade de imprensa — expressão encontrada nos discursos dos líderes eurocomunistas da Itália, França e Espanha — possam contaminar os trabalhadores da Polônia, Hungria e Checoslováquia, países de "socialismo realmente existente", e levá-los novamente à luta.

Tais reivindicações, se progressistas de um lado, de outro estabelecem confusão, isto é, os trabalhadores poderão ser levados a confundir liberdades democráticas operárias com instituições democrático-burguesas, e a opor-se à ditadura da burocracia, aceitando a "austeridade" imposta pela burguesia para aumentar seus lucros como sendo uma etapa transitória rumo ao socialismo.

Quando o movimento dos trabalhadores coloca a questão social às claras, como na Espanha em 1936-1939, é possível dar-se idêntico processo: os órgãos operários autônomos nascidos no processo da luta são absorvidos pelo Estado capitalista e neutralizados.

Na luta sindical, o eurocomunismo pode sofrer uma leitura proletária ao permitir que as tendências e frações operárias existam e atuem como tais, e que haja real independência de expressão e liberdade de imprensa no meio sindical.

Mas a burocracia da URSS reage. Eis que, sob a direção de Enrique Lister, cria outro Partido Comunista Espanhol, neo-

Reflexões sobre o socialismo

-stalinista e mais próximo à nação guia. No caso da Iugoslávia, que aplaude o eurocomunismo, esta deveria reintegrar professores marxistas, como Mihailo Markovic, expulso por ordem do partido único iugoslavo (a Liga dos Comunistas da Iugoslávia). Quanto à Romênia, há muito que fazer pela democratização do Partido e da sociedade, além dos manifestos externos de solidariedade ao eurocomunismo como inovação.

Um dos ideólogos do eurocomunismo, Santiago Carillo, definiu-o em muitas de suas obras como a tendência que luta para transformar o capitalismo, considerando inviável a revolução nos países onde este se acha desenvolvido. Daí recorrer-se à luta pela democratização social e a importância do projeto eleitoral.

Ainda segundo Carillo, caso a social-democracia faça uma autocrítica de seus erros, nada impedirá uma união entre o PC e a social-democracia na Espanha. Além disso, Carillo critica a burocracia da URSS como casta privilegiada e os horrores do stalinismo, que gerou 12 milhões de mortos, conforme afirmação de Kruchev; não critica, porém, a ditadura do partido único, e, embora insista na democracia operária, silencia quanto à existência desta no seu partido na forma legitimada de tendências.

Refletindo a crise do stalinismo, o eurocomunismo representa mais uma solução de compromisso com a estrutura autoritária do PC desde sua origem e também tentativas de aproximação à social-democracia, mediante a aceitação do parlamentarismo e do gradualismo como elementos de luta social.

A resposta russa foi um monte de injúrias a Carillo, até mesmo calúnias como a de que ele prega que os PCs ocidentais não devem se integrar ao Comecon e sim à OTAN (Organização do Tratado do Atlântico Norte), sob a égide norte-americana.

A tendência de esquerda do eurocomunismo é representada na Itália pelo metalúrgico Bruno Trentin e na Espanha por Fernando Claudin, recentemente excluído do PC espanhol. Trentin, fundamentado em Max Adler (ideólogo da Segunda Internacional), pretende combinar os conselhos operários, as comissões de bairro e os conselhos de escola com as estruturas tradicionais do Estado, especialmente o parlamento.

Porém o problema é que a estrutura do Estado possui juízes inamovíveis, exército, aparelho policial, alta burocracia, e Trentin unifica tudo num mesmo pacote: comitês operários, conselhos de fábrica — de função antissistema — com os quadros do Estado burguês, numa perspectiva de cogestão. Fica, então, a pergunta: como um militante antissistema capitalista poderá integrar-se a um sistema capitalista, no qual a burocracia policial, judiciária e militar tem hegemonia? Será possível a transição pacífica do capitalismo ao socialismo, permanecendo as estruturas político--administrativas do Estado burguês? A esse respeito Trentin não tem posição. Pinochet, Ramalho Eanes, o rei Juan Carlos e Margaret Thatcher conviveriam com os conselhos operários ou tolerariam a sua existência?

Claudin admite a inevitabilidade do confronto capital *versus* trabalho, que por sua lógica leva a um confronto classe trabalhadora *versus* Estado. Porém admite também que, mediante um compromisso histórico, possa-se atingir o socialismo, por via pacífica. Segundo os eurocomunistas o Estado é "neutro", paira acima das classes e, defensor da propriedade e do capital, tornar-se-á o coveiro da propriedade e do próprio capital, pois tal vontade se imporá através do sufrágio eleitoral majoritário.

O exemplo da Unidade Popular no Chile é muito recente para admitir-se tal hipótese. O exército chileno, até então o "grande mudo", decidiu manifestar-se e hoje a ditadura Pinochet continua exterminando seus opositores.

O eurocomunismo representa um avanço do movimento social na medida em que critica o modelo russo de prática socialista como o único válido que o mundo deve imitar. Critica duramente o partido único e suas implicações na formação de uma burocracia privilegiada que explora o trabalhador. Reivindica pluripartidarismo e democracia sindical, e os críticos do modelo russo já não são mais apontados como espiões ou lacaios do imperialismo norte-americano.

Reflexões sobre o socialismo

Entretanto, apresenta aspectos regressivos. Ao voltar às teses clássicas da social-democracia da Segunda Internacional, insiste no gradualismo como estratégia operária ante o capital e supervaloriza o jogo eleitoral, com a crença cândida de que este é o grande instrumento para a transição pacífica ao socialismo. Mas estamos à procura de um exemplo na história em que uma classe dominante abriu mão de seu poder econômico, político, militar e burocrático porque uma assembleia votou majoritariamente tais medidas.

Apesar das várias correntes de esquerda latentes no eurocomunismo, é indiscutível a preocupação de seus criadores, especialmente espanhóis, em procurar certos fundamentos históricos que deem legitimidade à posição. Daí o próprio Santiago Carillo perguntar-se: o eurocomunismo é um fenômeno que apareceu da noite para o dia, ou possui certos antecedentes históricos? É claro que tal pergunta é motivada pelo desejo de inspirar confiança e produzir confiabilidade na estratégia eurocomunista.

Nos últimos anos, cada vez que se referem ao eurocomunismo, os dirigentes do PCE procuram relacioná-lo à política da Frente Popular, como mostra, por exemplo, Carillo em sua obra *Eurocomunismo y Estado*. Segundo ele, "fosse por intuição revolucionária, fosse por análise teórica profunda, nossa política no período da Frente Popular possuía um embrião da ideia de uma marcha ao socialismo com democracia, com pluripartidarismo, parlamento e liberdade para a oposição".

Tal procura de antecedentes parece-nos, no mínimo, equivocada, pois desde o início da guerra civil e o desencadeamento de um processo de revolução social na Espanha como resposta ao levante militar, a estratégia do PCE não se apresenta como "uma marcha ao socialismo".

Tanto isso é verdade que o próprio Carillo, então presidente da Juventude Comunista, discursando em janeiro de 1937 na Conferência Nacional da JSU (Juventude Socialista Unificada), nome que tomou a Juventude Comunista, dizia: "Ante a ameaça do fascismo e dos invasores não lutamos pela revolução socialista. Lutamos de verdade, camaradas, por uma república democrática e ainda mais por uma república democrática parlamentar — pois sabemos que, se cometermos o erro de lutar nesse momento por uma revolução socialista na Espanha — isso vale para um período longo que transcorra mesmo após a vitória — estaremos dando a vitória ao fascismo" (Semprun, 1978, p.37). Na verdade, à medida que avança a guerra civil, limitam-se as liberdades democráticas no campo da Frente Popular. A eliminação política dos seguidores da liderança de Largo Caballero no PSOE e a eliminação por meio da política do POUM são evidências de um processo de recuo da democratização na Frente Popular.

Entre 1936 e 1939, o pluripartidarismo espanhol era apenas formal. Nesse contexto, o PCE propunha-se a conquistar altos cargos da burocracia estatal, policial e militar. Para tanto, a política de alianças do PCE orientava-se para setores moderados do PSOE e para partidos da pequena burguesia radical, bloqueando, por meios políticos ou militares, os setores de esquerda da Frente Popular e a ação direta das massas, com base na ideia de integrar o PSOE no PC, visando a unidade do proletariado e a criação de um partido único.

Logicamente, se o eurocomunismo quiser gozar de confiabilidade, necessitará praticar um modelo muito diferente de pluripartidarismo. Necessitará convencer os trabalhadores de que não dissolverá a Assembleia Constituinte nem os conselhos operários ou as formas concretas que tomarem a democracia de massas.

A política que o PCE trazia no seu embrião na Frente Popular (1936-1939) era antes de tudo a submissão aos ditames da URSS, muito longe de uma via democrática ao socialismo. Trazia, na verdade, um modelo das "democracias populares" que hoje vigoram no Leste Europeu, com as consequências para o trabalhador universalmente conhecidas.

A própria líder do PCE na época, Dolores Ibarruri, numa reunião de dirigentes do partido celebrada em 25 de outubro de 1947, dizia:

Reflexões sobre o socialismo

> Ao falarmos do significado das novas democracias estabelecidas nos Bálcãs, democracias que, cada uma por seus caminhos específicos, dirigem-se ao socialismo, dizia eu para os espanhóis que essas democracias têm para nós um interesse especial. E o têm, porque, dizia eu, há um pouco de Espanha nessas novas democracias. Foi a Espanha o primeiro exemplo de democracia popular. (ibidem, p.38)

Na realidade, parece que o eurocomunismo de Carillo é fruto de uma conjuntura em que a chamada "abertura" espanhola ocorre por meio da aliança de classes, com pactos sociais entre operariado e burguesia e a estratégia da URSS na manutenção do *status quo* internacional.

Atualmente o movimento eurocomunista corre paralelo e muito próximo à social-democracia europeia. Parece que há nele um aspecto positivo, uma maior tolerância às diferenças ideológicas na esquerda internacional, porém ao mesmo tempo se opera uma integração dos PCs italiano, espanhol e francês nos quadros do capitalismo europeu e nos interstícios da burocracia de Estado, sem falar da burocracia sindical, das CGTs italiana e francesa e das *comisiones obreras* espanholas.

O tema do sindicato como um dos sustentáculos do sistema capitalista é matéria que trataremos mais adiante.

11
A prática da autogestão econômico-social na Espanha

A Oposição Operária dos anos 1920 na URSS, a Rebelião de Kronstadt (1921), a Revolução Makhnovista na Ucrânia (1918-1921) e as rebeliões da Hungria, Polônia e Checoslováquia representam a prática da autogestão das lutas pelo proletariado, nas quais sempre ressurgem as reivindicações de controle operário da produção, autonomia sindical e dos conselhos operários, e a rejeição da ditadura do partido único. O movimento eurocomunista, no que tem de positivo, rechaça também a ideia da ditadura do partido único e do atrelamento dos sindicatos a um Estado proletário futuro em nome da ditadura do proletariado. Nesse sentido representa uma continuidade das lutas referidas acima.

É na Espanha, no período 1936-1939, que se dará, em 80% do país, a prática da autogestão das lutas operárias contra o fascismo e o capitalismo, e da coletivização das fábricas e das terras. Porém, essa prática será esmagada pela ação combinada do fascismo espanhol com a política do PC espanhol de repressão à esquerda não vinculada à URSS.

A ditadura de Primo de Rivera caiu em 1931, após anos de lutas das várias correntes de esquerda, anarquistas, socialistas e comunistas. É proclamada a república, caindo logicamente a monarquia. Após estrondosa vitória eleitoral, o governo republicano sente-se com apoio social para efetuar a reforma agrária, pois 1% da classe dominante (latifundiários e burguesia) detém 51% da terra. Em 19 de julho de 1936, há a reação da classe dominante com um levante comandado por Franco. Imediatamente, os trabalhadores saem à rua e, por meio de suas organizações sindicais, armam-se para resistir ao golpe de Estado fascista.

A Espanha parte-se em duas: de um lado estão os nacionalistas apoiados por Hitler e Mussolini; de outro, o governo republicano, abrangendo liberais, comunistas, socialistas e anarquistas. O golpe de Estado desfechado pela direita não consegue sucesso em metade da Espanha, notadamente na Catalunha. Coloca-se, então, a questão: vitória na guerra civil contra Franco e posteriormente pensar-se em socialização, ou ao contrário, a socialização dos meios de produção, a revolução social como um instrumento de mobilização dos trabalhadores para a vitória contra Franco?

O proletariado espanhol não espera. Coletiviza as terras, as fábricas e os meios de transporte, resultado da decisão de uma seção plenária regional da Confederação Nacional do Trabalho (CNT), realizada em Madri em 30 de outubro de 1933: "Declaramos que se triunfarem as tendências fascistas e por esse ou outro motivo se produzir uma comoção popular, a CNT tem o dever de impulsionar os desejos populares para plasmar na realidade sua finalidade comunista-libertária". Mais ainda, essa seção plenária propõe "que se crie uma comissão de estudos econômicos que recolha toda documentação possível sobre a economia espanhola e elabore um plano construtivo imediato".

Na época, a CNT possuía dois milhões de trabalhadores filiados, e as Juventudes Libertárias contavam com cem mil filiados.

Reflexões sobre o socialismo

O programa de coletivização das terras contou com a adesão de mais de 90% dos trabalhadores rurais, que se apossaram das terras, especialmente pelo fato de industriais e latifundiários terem se refugiado no exterior. Em 5 de setembro de 1936 realizou-se um congresso regional de camponeses, no qual se resolveu que a coletivização das terras seria dirigida pelos sindicatos. Os bens dos latifundiários e dos fascistas seriam coletivizados. Tais medidas transformaram-se em lei no dia 7 de outubro de 1936, quando o governo republicano confiscou sem indenização os bens dos proprietários comprometidos com o levante fascista.

A tradição de coletivismo agrário na Espanha muito contribuiu para tais medidas. Desde o início, a grande maioria dos trabalhadores da terra integrou-se espontaneamente às coletivizações. Efetuou-se uma aliança de classe entre os camponeses que coletivizaram as terras — de fascistas e não fascistas, desde que fossem proprietários — e o proletariado urbano, que começara a socializar os meios de produção e os transportes públicos.

Em cada aldeia, uma assembleia geral de camponeses elegia os membros do comitê administrativo. Todos os homens aptos entre 18 e 60 anos tinham de trabalhar. Os camponeses organizavam-se em grupos de doze, encabeçados por um delegado, também camponês, e cada equipe se responsabilizava por uma zona de cultivo ou uma função, conforme o tipo de trabalho e a idade de seus membros. Todas as noites, o comitê administrativo se reunia com os delegados dos diversos grupos. Sobre assuntos de administração local, a comuna reunia os trabalhadores numa assembleia geral, na qual tudo era discutido e resolvido. Tudo era propriedade comum, exceto roupas, economias pessoais, animais domésticos, áreas de jardim e aves destinadas ao consumo. Coureiros, sapateiros e demais artesãos agrupavam-se em coletividades. As ovelhas da comunidade eram divididas em rebanhos de centenas de cabeças, confiadas a pastores e distribuídas pelas montanhas, racionalmente.

Estabeleceu-se uma remuneração fixa de acordo com as necessidades do grupo familiar. Cada chefe de família recebia por jornada de trabalho um bônus em pesetas que podia trocar por artigos de consumo nas lojas comunais. O saldo era depositado numa reserva individual e o interessado solicitava, se necessário, uma quantia limitada para gastos pessoais. Assistência médica, eletricidade e medicamentos eram gratuitos, bem como o amparo à velhice. A escola era obrigatória aos menores de 14 anos, impedidos de trabalhar manualmente. Os camponeses que não quisessem integrar-se às coletividades não eram obrigados a fazê-lo; podiam participar dos trabalhos da comuna e enviar seus produtos aos armazéns comunais.

As comunas reuniram-se em federações cantonais e essas em federações regionais. Todas as terras de uma federação cantonal formavam um só território. Foram criadas caixas de compensação para auxiliar as coletividades mais atrasadas tecnológica e economicamente.

Esse sistema implantou-se de forma global em Aragão. Os trabalhadores agrícolas criaram, aí, um poder de base inédito na história da República, estimulados pelo avanço da Coluna Durruti, uma milícia libertária que combatia os fascistas na frente norte. Constituíram-se em Aragão cerca de 450 coletividades que agrupavam 500 mil camponeses; na região do Levante, a mais rica da Espanha, formaram-se 900 coletividades; em Castilha foram criadas 300 coletividades integradas por 100 mil associados. O processo de coletivização atingia da Estremadura até parte da Andaluzia.

A autogestão agrícola era praticada em grandes superfícies com a supervisão de engenheiros agrônomos, aumentando em 50% o rendimento da terra; diversificaram-se os cultivos, iniciaram-se obras de irrigação e criaram-se escolas técnicas rurais e granjas piloto. Esboçou-se um planejamento econômico com base nas estatísticas de produção e consumo que as coletividades entregavam aos comitês cantonais e estes aos comitês regionais, que, por sua vez, integravam-se inter-regionalmente. A autogestão industrial iniciara-se, especialmente na Catalunha, região mais

Reflexões sobre o socialismo

industrializada da Espanha. As fábricas foram postas a funcionar pelos trabalhadores, que administravam as empresas formando comitês revolucionários, sem ajuda ou ingerência do Estado.

Contrariamente ao que se deu na Revolução Russa, a revolução na Espanha contou com a adesão livre dos técnicos. Daí realizar-se em Barcelona, em 1936, um congresso sindical, no qual estavam representados 600 mil operários, com a finalidade de ampliar a socialização da indústria. Um decreto de 24 de outubro de 1936 do governo catalão oficializou a autogestão operária.

Foram socializadas as fábricas com mais de cem pessoas, sendo os proprietários declarados "ociosos" por um tribunal popular. Cada empresa era dirigida por um comitê de administração, composto por quinze membros das diversas seções, eleitos pelos trabalhadores em assembleia geral, com mandato de dois anos. Esse comitê podia ser destituído pela assembleia geral e pelo conselho geral do setor industrial específico, este composto por quatro representantes dos comitês de administração, oito dos sindicatos operários e quatro técnicos nomeados pelo organismo tutelar.

Cabia ao comitê de administração a organização do trabalho e a fixação dos salários. O desajuste entre as empresas coletivizadas prósperas e as mais pobres em equipamento e em trabalhadores semiqualificados ou qualificados era corrigido mediante a criação de uma casa de compensação, à qual cabia a distribuição equitativa dos recursos.

Na Catalunha, trabalhadores e técnicos trabalhavam na criação de uma indústria de material bélico. As mulheres operárias constituíam a maioria da mão de obra, em razão de os homens válidos estarem incorporados, em sua maior parte, às milícias na frente de guerra. Porém esse processo autogestionário começa a ser sabotado em plena guerra civil contra Franco. O Estado controlava os bancos e estes retiveram recursos de muitas coletividades.

O ministro da Agricultura, Uriba, do PC espanhol, ao mesmo tempo em que legalizou as coletivizações das terras por decreto (16.7.1936), incitou os camponeses a não entrarem nelas, em discurso de dezembro de 1936 dirigido aos pequenos proprietários agrícolas, assegurando que as armas do Estado e do PCE estavam à disposição deles. Os fertilizantes importados, negados às coletividades, ele entregara aos pequenos proprietários. Transferira o abastecimento de Barcelona dos sindicatos aos comerciantes privados. O PC da Catalunha agrupou em sindicato único os pequenos proprietários de terra, aos quais se uniram os comerciantes e latifundiários, aparentemente conformados com a nova situação.

A 11ª Divisão do PCE, dirigida por Lister, destruiu com seus tanques as coletividades rurais e dissolveu os comitês administrativos, além de dispersar também o gado.

A imprensa do PCE clamava contra a "coletivização forçada"! Na área industrial, a imprensa desenvolveu uma campanha colocando em dúvida a honestidade dos comitês de fábrica nas empresas socializadas; o governo republicano negou-se a conceder créditos às empresas autogeridas, chegando mesmo a privá-las de matérias-primas, vitais a seu funcionamento.

O governo republicano, já dominado pelo PCE, importa os uniformes militares, em lugar de solicitá-los às coletividades têxteis da Catalunha. E com o decreto de 11 de agosto de 1938 dá o golpe final na autogestão, militarizando as empresas e colocando-as sob a direção de inspetores membros do PCE.

A autogestão, que dominara 70% do território espanhol, englobando empresas industriais e agrícolas e escolas, provara ser uma prática inerente à classe operária quando a autogestão das lutas desta atinge determinado estágio.

A repressão aos movimentos operários de autogestão das suas lutas e de autogestão econômico-social se dá através de partidos políticos ou sindicatos ou pelo aparelho do Estado, tenha este o nome que tiver, burguês, liberal, operário ou socialista.

12
O papel do partido político

O que se viu até aqui dá uma ideia do papel da instituição do partido político nos movimentos sociais, mostrando a ambiguidade de sua atuação como estímulo/controle desses movimentos e a criação do intermediário entre classe e Estado, o político profissional.

Teoricamente, os militantes de um partido devem conhecer as propostas programáticas das diferentes linhas internas, escolhendo a que está mais conforme a sua maneira de pensar. A cúpula de um partido representa os filiados.

Na prática, o líder partidário ordena e responde aos interesses do grupo dirigente minoritário e não aos da base. Como profissional do partido, o líder preocupa-se mais com seu trabalho do que com suas promessas. O fato de ser dirigente leva-o a afastar-se da vida cotidiana da maioria das pessoas, o que o torna "diferente". Torna-se geralmente conservador, levando uma vida privada e desenvolvendo interesses da minoria dirigente. Esses líderes partidários, isolados nos escritórios, são facilmente corruptíveis pelos interesses das classes dominantes.

A maioria dos filiados a um partido não conhece seus programas, deixa-se levar por *slogans* ou palavras de ordem, promessas e o carisma dos candidatos. Os programas e promessas são imprecisos e indefinidos, permitindo aos dirigentes ampla gama de manobras. O compromisso dos partidos com a classe que detém o poder condiciona sua linha política. Pode acontecer até que um industrial apoie um partido proletário, porém ele irá querer influir em sua linha política. Os militantes são convocados para atos públicos ou eleições.

Os partidos são dirigidos por castas, intelectuais e políticos profissionais. Não são democráticos, porque neles domina uma minoria dirigente com interesses específicos. Numa democracia política, o programa de cada partido somente é conhecido por uma minoria; a grande maioria só conhece *slogans*, palavras de ordem e promessas ambíguas. Numa democracia parlamentar, a decisão é tomada por uma minoria, que, assim sendo, se corrompe e decide em seu próprio benefício.

A profunda incompatibilidade dos partidos da esquerda tradicional, sejam comunistas, socialistas ou intitulem-se partido dos trabalhadores, consiste em que o partido tende a ser o instrumento privilegiado de coordenação da revolução social. Fundamentalmente é um Estado em miniatura, com um aparelho e quadros cuja função é tomar o poder e não destruí-lo.

Consolidada a revolução, o partido assimila todas as formas técnicas e a mentalidade da burocracia. Seus membros aprendem a obedecer e a reverenciar um liderismo, ou "função dirigente do partido", baseado em costumes seculares gerados pelo mando, pela autoridade, manipulação e hegemonia. Quando participa de eleições, o partido é obrigado a assumir a forma eleitoral. E a situação se complica quanto mais ele aumenta seu aparelho com uma rede de jornais, rádio, tevê, jornalistas, intelectuais oficiais e funcionários administrativos. Quanto mais cresce em número, maior é a distância entre a base e a direção. O líder converte-se em "personagem".

No partido, fatores de *status* social e político e posições burocráticas alcançadas tornam-se mais importantes que a dedicação desinteressada à revolução social.

O partido é eficiente em moldar a sociedade à sua imagem hierárquica; cria a burocracia, a centralização e o Estado. Em vez de provocar o desaparecimento progressivo do Estado, o partido cria todas as condições para a existência daquele e de um partido para mantê-lo. Se é certo dizer que nas revoluções burguesas "a fraseologia substitui o conteúdo", no bolchevismo as formas substituem o conteúdo. Os sovietes substituem os trabalhadores e seus comitês de fábrica, o Partido substitui os sovietes, o Comitê Central substitui o Partido e o secretário-geral substitui o Comitê Central.

Karl Kautski, teórico da Segunda Internacional, defende o ponto de vista de que a consciência política do proletariado é introduzida de fora, negando um dos fundamentos da teoria marxista de que é a existência que determina a consciência social. Assim escreve Kautski (1901-1902, p.79-80):

> É totalmente falso que a consciência socialista seja o resultado necessário, direto, da luta de classes do proletariado. O socialismo e a luta de classes não são criados contemporaneamente e surgem de premissas diferentes. A consciência socialista nasce da ciência; o portador da ciência não é o operário e sim o intelectual burguês. Este é que comunica ao proletariado o socialismo científico.

Essa é a visão que Lenin adota em sua obra *Que Fazer?*, em que define sua concepção de partido, achando ser o baixo nível cultural dos trabalhadores que os faz chegarem ao poder por intermédio de uma vanguarda. Lenin nega, assim, as possibilidades práticas do socialismo. É por isso que, após a morte do líder, os leninistas, hipnotizados pela Revolução Russa, não viam que a mudança para o socialismo não começa simplesmente com a tomada do poder pelo PC. Segundo eles, somente quando o PC detém com exclusividade o poder é que os trabalhadores começam a exercer a "ditadura do proletariado" e o socialismo passa à ordem do dia. Com isso desvalorizam o esforço dos trabalhadores na área cultural, social ou econômica. A luta anterior da classe operária para organizar-se de nada conta, pois, segundo os leninistas, o proletariado é incapaz de chegar ao poder e estabelecer seu regime a não ser delegando poderes à sua "vanguarda consciente e organizada", o PC.

As vanguardas, se existem, constituem meros grupos de propaganda ideológica. Sob Lenin, o PC lutava por ideias e princípios. Sob Stalin, as ideias transformaram-se em dogmas. Aí então o PC transformou-se num partido "predestinado" a realizar o socialismo, sendo visceralmente hostil a qualquer outra organização operária que se interpusesse entre ele e os trabalhadores. Pode pregar a unidade apenas para absorver outras organizações que o operariado crie no seu processo de luta, aproveitando delas os melhores militantes e liquidando-as implacavelmente.

A concepção leninista de partido enquanto minoria organizada que deve dirigir uma maioria informe, o proletariado, leva o trabalhador a regredir em seu nível de consciência social e política. O trabalhador é deseducado pelo oportunismo do partido, pelo seu desprezo às ideias, e submetido a um processo que o torna incapaz de uma ação autônoma e coletiva. A classe operária perde a confiança na sua própria capacidade de luta, organização e compreensão do processo social, transferindo-a ao partido. Essa sacralização do partido caminha paralela à ideologia da nulidade operária. Um partido, por mais comunista que se proclame, sem um alto grau de organização do trabalhador em sindicatos, cooperativas, não passará de um instrumento para conseguir seus próprios objetivos imediatos, nem sempre coincidentes com o que pretendem os operários.

Para o trabalhador, o socialismo pode ser o coroamento de suas lutas quotidianas contra o capital; para o PC, imbuído de uma ideologia e de um messianismo próprio, o socialismo é sua conquista do poder, independentemente do grau de amadurecimento do proletariado. O caráter proletário para o PC é dado pela teoria e não pela realidade social.

A destruição da Oposição Operária na URSS, a repressão à Rebelião de Kronstadt e à revolução camponesa de Makhno e a substituição da direção coletiva da fábrica pela direção unipessoal mostram como a Revolução Russa foi destruída por forças internas e não pela invasão estrangeira.

É importante notar — como faz J. Bernardo, em carta de 13 de junho de 1982 — que

> as formas de organização do movimento operário são seu próprio conteúdo. É porque não veem essas formas como conteúdo, o caráter imediatamente ideológico que elas tomam (auto-organização, autogestão das lutas) — a perspectiva comunista que está implícita e inelutavelmente contida nessas formas — refiro-me às formas de luta autônoma — é porque não veem nada disso que esses teóricos (leninistas) são cegos quanto às lições a tirar do movimento operário.

No sistema capitalista, a fábrica adota o despotismo administrativo e, como reação, desenvolvem-se nela relações sociais propícias ao comunismo. Acontece que essas relações ultrapassam os limites fabris. Assim, a internacionalização do capitalismo permite que surjam formas de luta proletárias que, ao se desenvolver, criam as condições mínimas para o comunismo. E o proletariado, definindo-se como classe internacional na Polônia, no Brasil, em Portugal ou na Bolívia, tende a desenvolver formas idênticas de luta.

De qualquer forma, as cisões no Leste Europeu — o caminho independente da Iugoslávia, as veleidades de independência da Romênia, o isolamento da Albânia e as revoluções da Hungria, Checoslováquia e da Polônia — deixam bem claro a desintegração do bloco comunista tradicional.

No mundo capitalista, a revolução na Nicarágua (1979), a Revolução Cubana, a impossibilidade de os EUA terminarem pela força a contestação em El Salvador e a crise no Oriente Médio mostram que tudo caminha no mesmo sentido, embora relações bilaterais (URSS-Argentina ou EUA-Hungria) mostrem níveis de integração do capitalismo mundial nesse processo contraditório.

O movimento operário no seu processo de luta tende a criar organizações igualitárias, horizontais, destruindo hierarquias estabelecidas pelo Estado, o técnico como intermediário, na empresa, entre o trabalhador e a administração, e o político como intermediário entre a classe e o conjunto da sociedade. É o que Rosa Luxemburgo definia: "A tendência dominante que caracteriza a marcha do movimento socialista na atualidade e no futuro é a abolição dos dirigentes e da massa dirigida" (Luxemburgo, s.d., p.36-7).

13
O papel do sindicato

Quer sob o capitalismo privado, quer sob o capitalismo de Estado, o sindicato exerce a mesma função de um partido: contribui para a reprodução do sistema, pois a luta por reivindicações salariais acaba beneficiando o setor II da economia (bens de consumo). É um sindicato atrelado ao Estado, cuja preocupação consiste em controlar a massa operária, falar e negociar às suas costas.

Pode ser, em outra via, um sindicato imbricado no sistema capitalista sob a forma de capitalismo sindical, embora desatrelado do Estado. É o caso de Israel, com a sua Central Operária Histadruth; da Alemanha, dominada pela DGB; da Escandinávia, cujo sindicato possui legitimamente um parque industrial e explora a mais-valia dos trabalhadores. A Central Sindical de Israel possui grandes empresas de construção civil, e o segundo maior banco do país também é de sua propriedade. A DGB possui empresas, bancos, redes de lojas e opera no mercado financeiro.

Por meio do capitalismo sindical, o capitalismo moderno se redimensiona: o capitalista cuida das máquinas, o sindicato cuida da disciplinação da mão de obra. Noventa por cento das entidades, grupos ou partidos que trazem o nome "operário" têm a finalidade de controlar o operariado. Porém, como a luta de classes existe, após ser sufocada ela renasce e assume a forma de auto-organização, reivindicando autonomia ante o capital, privado ou estatal; criando organizações horizontais, como os comitês de luta da Fiat-Diesel do Rio de Janeiro; opondo-se à burocratização das empresas socialistas, como fizeram a Oposição Operária de Kollontai em 1920, a Rebelião de Kronstadt e as rebeliões húngara, polonesa e Checa; opondo conselhos operários livremente eleitos à ditadura do partido único, como na Polônia, onde o Solidariedade transformou o sindicato estatal oficial em "paralelo", esvaziando-o totalmente.

Este é o pêndulo da luta social através dos tempos e um dos dilemas fundamentais do socialismo: autogestão social ou estatização da economia? Auto-organização mediante a formação de conselhos operários ou hegemonia de uma vanguarda? Democracia direta ou democracia parlamentar com ou sem partido único? Eis as questões postas na mesa.

A resposta deverá ser dada pelo desenrolar do processo social, pelas relações de classe das forças em luta, e pela capacidade de reação do proletariado a manipulações social-democratas ou de suas irmãs eurocomunistas.

Cronologia

1864 Fundação da Primeira Internacional.

1870 Comuna de Paris (reprimida em 1871).

1879 Fundação da Segunda Internacional.

1905 Primeira Revolução Russa.

1914 Início da Primeira Guerra Mundial.

1915 Conferência de Zimmerwald (na Suíça), da esquerda
social-democrata da Segunda Internacional.

1916 Conferência de Kienthal (Suíça), da esquerda social-democrata
da Segunda Internacional.

1917 Tomada do poder na Rússia pelo Partido Bolchevique.

1918 Fim da Primeira Guerra Mundial.

1919 Formação da Terceira Internacional, com sede em Moscou.

1921 Formação da Oposição Operária na URSS.
Rebelião dos marinheiros de Kronstadt.

1922 Ascensão de Mussolini na Itália.

1923 Formação da Oposição de Esquerda por Trotski, na Rússia.

1924 Hegemonia de Stalin na direção da URSS e anúncio da teoria do
"socialismo num só país".

1929 Expulsão de Trotski da URSS.

1931 Proclamação da república na Espanha.

1933 Ascensão de Hitler na Alemanha.

1936 Início da revolução social e da guerra civil na Espanha.

1938 Formação da Quarta Internacional por Trotski, no México.

1939 Fim da Guerra Civil Espanhola, com vitória de Franco.

1945 Fim da Segunda Guerra Mundial.

1949 Proclamação da República Popular da China.

1956 Revolução operária na Hungria e intervenção do exército russo para reprimi-la.

1968 Primavera de Praga (março).
Ocupação militar da Checoslováquia por tropas russas, para reprimir a revolução operária (agosto).

1980 Revolução operária e camponesa na Polônia e nascimento do sindicato independente Solidariedade.
Golpe de Estado do gen. Jaruzelski, colocando o Solidariedade na ilegalidade e instituindo a Lei Marcial.

Parte suplementar

A Oposição Sindical na URSS[1]

Dois fatos importantes caracterizam o 60º aniversário da Revolução Russa: a morte de Stakhanev, o operário modelo do taylorismo russo, e, em 26 de janeiro de 1978, a criação do Sindicato Independente dos Trabalhadores, por 200 operários de diferentes cidades da URSS. Segundo o *Trud*, jornal sindical oficial, o sindicato era constituído por pseudotrabalhadores. Diferentemente, para o comitê sindical do Sindicato dos Revisores da CGT de Paris, aquela

> é uma data importante no movimento operário da URSS. De há muito não se assistia na URSS a uma manifestação autônoma da classe operária russa; é necessário remontar a 1930 para constatar a existência, nesse país, de uma manifestação pública de trabalhadores. (Semyonova, 1979, p.203)

---

1 *Jornal da Tarde*, São Paulo, 22.12.1979. Caderno de Programas e Leituras.

A tentativa da classe operária russa de criar uma organização independente do chamado Estado operário, no espaço ocupado pelo primeiro assim chamado Estado socialista do mundo, além de iguais iniciativas no Leste, como na Polônia, Hungria, Checoslováquia, mostra a gravidade das contradições sociais na Rússia.

Os militantes da Oposição Sindical são, na sua imensa maioria, trabalhadores de "brigadas de choque", vanguardistas da produção, com medalhas de "mérito no trabalho". Sua ação situa-se nos limites impostos pela "legalidade" russa. Lutam eles, prioritariamente, contra a violação das leis pelas autoridades, em que os operários são as eternas vítimas. Lutam pelo respeito à lei pelos poderosos que a fazem, especialmente na área da legislação trabalhista. Nessa luta retomam a bandeira da Associação Internacional dos Trabalhadores, fundada por Marx e Bakunin; apelam à solidariedade internacional do proletariado, pois "só apoiando-nos na opinião pública dos trabalhadores de todos os países, poderemos forçar os dirigentes a respeitar a lei junto aos simples operários" (ibidem, p.9).

O nascimento do sindicato, a partir dos anos 1960, deveu-se à reação operária contra a burocracia, no seu esforço de assegurar o crescimento econômico via "racionalização" do emprego da mão de obra; à contradição entre o nível técnico e cultural dos operários e sua insignificante participação nas decisões da empresa, e da incapacidade da direção em garantir um nível de vida razoável para o trabalhador, especialmente uma alimentação adequada. Essa situação desencadeou uma série de incidentes, desde a greve dos doqueiros de Riga, em maio de 1976, até a rejeição da cidadania russa pelo operário ajustador Leonyd Seri, de Odessa, por razões econômicas e políticas. Isso "não impede que os operários sejam reprimidos muito mais severamente que os intelectuais" (ibidem, p.9). O crescimento da oposição operária transparece no clima de descontentamento manifestado por ocasião da eleição dos sovietes locais, em junho de 1977, quando

Reflexões sobre o socialismo

650 mil operários votaram contra os candidatos oficiais. Isso levou a que, "em 61 circunscrições, os candidatos oficiais não passassem do primeiro turno dos escrutínios" (ibidem, p.10).

Trabalhar mais

A criação do sindicato independente prende-se à reação da mão de obra ao salário por produção, introduzido por Stalin, aplicado inicialmente a 29% dos operários, atingindo, após 1932, 68% e, em 1949, mais de 90%. Essa aplicação estendeu-se ao Leste, conforme documenta Miklos Haraszti (1976). A introdução do taylorismo prende-se a duas funções: evitar o desenvolvimento da solidariedade entre os operários e levá-los a serem "esmagados" pelas "normas de produção" fixadas pelos cronometristas da produção. Se o operário cumpre a norma, ela pode ser aumentada e o salário, paradoxalmente, diminuído e, assim, o operário terá de trabalhar mais para ganhar mais. Isso levou à explosão operária de Novocherkask, em 1962.

É o "sistema suador" que Marx criticara em *O capital*, ao estudar a Revolução Industrial inglesa. Surge a indústria das "horas extras", só que o operário as faz e não recebe. Enquanto isso, os sindicatos organizam novas equipes extras. Isso ocorre pelo fato de os sindicatos oficiais "não defenderem os interesses do operário, mas do Estado; a execução do Plano é o índice maior de seu sucesso. Os operários que cuidam da secagem de árvores trabalham ao ar livre; no inverno, aguentam temperaturas 40 graus abaixo de zero. Conforme a lei, deveriam receber mais; porém, o sindicato não se preocupa e aceita a situação" (ibidem, p.14).

O trabalho da mulher

As mulheres realizam a maior parte do trabalho na indústria florestal, representam 53,6% da população e 51% da mão de obra ativa em 1974. Sob Stalin, foram introduzidas no trabalho fabril, tendo como único objetivo aumentar a produção. As mulheres perfazem 83% da mão de obra na indústria leve, 72% na indústria têxtil, 74% na indústria de alimentação, 72% no magistério e 84% na área de saúde. Em inúmeros setores industriais, os homens ocupam postos qualificados e as mulheres dão conta de trabalhos penosos, insalubres e não qualificados. Nos *kolkozes*, elas trabalham na terra: no verão, limpam as ruas e, no inverno, retiram a neve. Na indústria mecânica, 67% das mulheres ocupam posições não qualificadas; elas representam somente 5% na área de trabalho qualificado. Enquanto 50% dos homens frequentam escolas noturnas para se qualificar, elas cumprem com 80% das tarefas domésticas.

"Entre 1961 e 1971, constata-se que, entre dez mil famílias de Leningrado, 40% delas estão abaixo do nível de pobreza" (ibidem, p.16). Na área da educação, por exemplo, as coisas não estão melhores, pois "somente 10 a 20% dos estudantes de Moscou e Leningrado são filhos de operários e camponeses" (ibidem, p.21).

Entre o X Congresso Sindical de 1932 e o XI Congresso de 1949, passaram-se 17 anos. Nesse hiato, a mão de obra não teve possibilidade de se fazer ouvir nem através dos porta-vozes oficiais, porque "a direção sindical é nomeada pelo governo. O penúltimo presidente, antes de sê-lo, dirigia a KGB (polícia secreta)" (ibidem, p.23).

Nas empresas é a direção que designa o comitê de usina, não os trabalhadores. A tarefa principal dos sindicatos não é defender os trabalhadores, mas assegurar a disciplina do trabalho e a realização do Plano. É o que reza a convenção coletiva da usina Zaprostal, de 1975. Segundo a citada convenção, cabe "à direção do comitê sindical examinar qualquer ruptura no trabalho, absenteísmo, atraso, tomar medidas disciplinares contra o operário, que vão desde a supressão dos prêmios do Fundo de Encorajamento para Operários, supressão de bônus para utilização das casas de férias, sanatórios e clínicas da usina, até a negação das férias anuais" (ibidem, p.23).

Reflexões sobre o socialismo

Após a violenta repressão à greve de Novocherkask, os operários adotaram a "reação à italiana". Consiste ela em operações "tartaruga", sabotagem do ritmo das cadências no trabalho. Através dessa prática, concluíram os operários que

> a via para uma autêntica democracia socialista passa pela luta pelos direitos políticos e sindicais, a luta por melhores condições de existência. Ela só pode ser levada a termo pelo desenvolvimento das organizações como o sindicato independente. A solidariedade dos sindicalistas ocidentais, no caso, é vital. (ibidem, p.25)

Vladimir Alexandrovitch Klebanev, técnico em minas, altamente qualificado, teve a ideia de formar um sindicato independente. Essa ideia foi o ponto de chegada de uma trajetória de lutas contra a burocracia dominante. Assim, em 12 de setembro de 1968, fora arbitrariamente detido e enquadrado no artigo 187 do Código Penal, que pune "calúnias antissoviéticas". Na realidade, desde 1968 ele denunciara violações grosseiras do Código de Trabalho, notadamente o não cumprimento do decreto de 1956, que instaura a jornada de 6 horas de trabalho diário e a semana de seis dias. Também exigira salários decentes para os trabalhadores, o fim da dissimulação dos acidentes de trabalho nos boletins oficiais, indenização adequada aos mineiros vítimas de acidentes por culpa da direção, julgamento e punição dos administradores que ocupam posições de mando nas indústrias e nos aparelhos do Estado, valendo-se delas para roubar materiais de valor. Finalmente, lutava para pôr fim à corrupção e ao arbítrio na distribuição de apartamentos aos operários. Como resultado, ficou sem trabalho por três anos, iniciou uma greve de fome, recusando-se a considerar-se "louco'" e foi transportado para o hospital especial da MVD (polícia secreta), de Dniepropetrovsk, em 18 de janeiro de 1969. Vive a situação kafkiana:

> Quando solicita trabalho, os camaradas consideram-no louco; quando solicita o pagamento devido à doença, é considerado de boa

saúde, e o pedido é negado. É transportado à força ao hospital psiquiátrico nº 7 e, posteriormente, transferido ao hospital psiquiátrico nº 1 pela KGB (polícia secreta), onde os médicos diagnosticam a existência de um desenvolvimento paranoico da personalidade que o leva a se tornar um lutador pela justiça. (ibidem, p.57)

As vicissitudes de seu líder, Klebanov, não impedem que, em 1º de fevereiro de 1978, surja o apelo à OIT (Organização Internacional do Trabalho) e aos sindicatos oficiais, conclamando a solidariedade internacional. O primeiro documento é de 20 de maio de 1977 e o último é de fevereiro de 1978. Trata-se de apelos em nome dos trabalhadores soviéticos espoliados pela administração e por funcionários do Partido.

A organização dessa Oposição Sindical dá-se no processo de luta contra os executivos carreiristas e corruptos que roubam a "propriedade socialista", dissimulam os acidentes de trabalho e pagam salários aquém do mínimo legal. Os membros da Oposição Sindical apelam a Brejnev, como seus pais apelavam ao czar, reivindicam audiência com os notáveis do Partido e veem interpor-se entre eles e os líderes a máquina burocrática. Não pretendem nenhuma revolução, simplesmente a estrita observância da lei. No apelo à OIT, relatam como são "fabricadas" as eleições sindicais em que os operários autênticos são excluídos das responsabilidades sindicais em nível mais alto; as eleições sindicais "são puramente formais, os presidentes dos comitês sindicais são designados pelos administradores da empresa, pelo responsável do Partido na empresa e pelos dirigentes do comitê regional do Partido" (ibidem, p.44).

Quem elege quem

Tudo seria muito democrático se os delegados fossem eleitos numa assembleia geral, em presença de todos. Na prática, para se assegurar de obter a maioria, a direção e o comitê do Partido

Reflexões sobre o socialismo

agem da seguinte forma: os delegados são escolhidos por seção ou oficina. Inicialmente, são convocados os engenheiros e os técnicos para uma reunião preparatória, na qual o presidente do sindicato, de comum acordo com o comitê do Partido e o chefe da oficina, explica a melhor maneira de "eleger" os delegados. Depois, dão-se as eleições. Conforme a tradição, o chefe do setor ou oficina recomenda as pessoas que lhe convêm, isto é, inscreve os candidatos a serem votados, que, em reconhecimento, propõem seu nome e dos contramestres. Posteriormente, em cada seção, pergunta a um dos empregados da empresa a respeito de sua autoridade. Assim os empregados elegem seus delegados. Não se faz alusão nenhuma aos operários. Os empregados de escritórios são em número dez vezes maior que os operários.

Por sua vez, o conjunto de engenheiros e técnicos que se acham em conferência eleitoral pouco ou nada têm em comum com os operários. Os delegados recebem dinheiro que não terão de devolver, instalam-se na presidência sem serem convidados. A inscrição dos candidatos nos boletins eleitorais é feita pela direção da empresa, por representantes do comitê regional do Partido, pelo representante do sindicato oficial e pelo secretário da seção do Partido. Eles colocam nos boletins quem lhes interessa. Nenhuma outra candidatura é inscrita; dessa maneira, as eleições dos membros do futuro comitê sindical são decididas com antecedência.

Tais denúncias levaram o sindicato francês CFDT a exigir a libertação imediata de Klebanev, reafirmando a posição da entidade em favor da luta pelos direitos democráticos no Leste. Por sua vez, "a CGT francesa condenou os atentados às liberdades e aos direitos sindicais individuais e coletivos nos países socialistas, reafirmando sua defesa intransigente dos direitos do homem" (ibidem, p.32).

A CGT francesa não ficou nisso. Durante o IX Congresso da Federação Sindical Mundial (FSM), reunida em Praga em 15 de abril de 1978, pela primeira vez a CGT toma uma atitude crítica em relação aos sindicatos da Europa oriental que dominam a FSM, chegando a colocar a questão de abandoná-la após um período probatório de um ano. Nessa oportunidade, a CGT francesa propõe a adoção de uma Carta Universal que, nos seus primeiros parágrafos, estipula o direito de organização sindical sem controle estatal. Isso é concretizado na Conferência de Imprensa, em 18 de abril de 1978, onde, pela primeira vez, as quatro centrais sindicais francesas: CGT, CFDT, FEN e FO, denunciam conjuntamente a repressão contra os trabalhadores do Leste.

Em termos mais incisivos, declarou Patrice Garnier, secretário federal do setor político da central sindical francesa CFDT:

> A CFDT responde ao apelo de solidariedade lançado pelos trabalhadores da URSS que tentam se organizar para defender seus direitos e, inicialmente, seu posto de trabalho. A ação dos trabalhadores, lutando e se organizando para garantir seu emprego, suas condições de vida e trabalho, é de primeira importância na luta contra um regime que tende a negar as liberdades. A CFDT leva seu apoio aos camaradas, aos operários, que são vítimas da repressão e do arbítrio nos países do Leste, àqueles que utilizam todos os meios à sua disposição para lutar contra o desemprego político e por sua dignidade. A CFDT exige a libertação de Klebanev e seus camaradas. (ibidem, p.168)

Nas cartas à ONU, à Conferência de Belgrado e ao chefe da delegação soviética à mesma, o apelo à solidariedade internacional é reafirmado: "Consideramos que tornar públicos os casos de repressão e injustiça, assim como levar a opinião pública mundial a tomar conhecimento deles, não constitui uma forma de se imiscuir nos assuntos internos soviéticos" (ibidem, p.41). Assim não pensam os dirigentes soviéticos e as instâncias superiores que, "sob pretexto de registrar nossas queixas, separam-nos por grupos para enviar-nos à milícia ou aos hospitais psiquiátricos" (ibidem, p.42).

A demissão por denúncia de abusos e posição crítica em relação à direção da empresa, a denúncia de pilhagem de bens

Reflexões sobre o socialismo

materiais, graves acidentes de trabalho e violação da legislação do trabalho são comuns e foi "assim que decidimos organizar nosso próprio sindicato, para termos a possibilidade, no plano oficial e jurídico, de defender nossos direitos e interesses ou qualquer direito ofendido onde quer que seja, direitos esses inscritos na nova Constituição da URSS" (ibidem, p.33-34).

Nada de greve

O direito de greve constitui letra morta. Assim, deram-se movimentos grevistas em Grozny, Krasnodar, Donetsk, Yaroslavl, Jadanev, Gorki, Alexandrovska. Mas a maior explosão de descontentamento deu-se em 1962, em Novocherkask, na forma de uma greve geral. A greve iniciou-se na indústria de locomotivas e tomou conta da cidade graças à solidariedade das mulheres (trabalhadoras têxteis). Isso levou os sucessores de Kruchev a aumentarem os salários. Após 1969, Brejnev volta à política de salários baixos de Kruchev. São mais frequentes os salários baixos em 1969, devido à baixa dos pagamentos extras por causa do "reajustamento das normas de produção".

O *Pravda* de 3 de maio de 1977 retrata a repressão à greve geral sob o título de "Fuzilaria na Praça da Liberdade", relatando:

A multidão, com bandeirolas e palavras de ordem pacíficas, protestando contra a alta dos alimentos e a baixa salarial de 30% na usina de locomotivas elétricas, estava em greve. Ao penetrar no centro da praça, a multidão foi atacada por uma saraivada de balas explosivas, por ordem de dois membros do *bureau* político que dirigiam a repressão, Froi Koziev e Anastás Mikoian. Oitenta corpos jaziam mortos na praça, suas famílias enviadas à Sibéria com base em denúncia, nove condenados à morte, duas mulheres condenadas a 15 anos de prisão. (ibidem, p.127)

O fato é que o surgimento da Oposição Sindical não se deveu à repressão em si, mas à luta quotidiana contra as péssimas condições de trabalho nas empresas, onde "as instalações sanitárias funcionam de forma intermitente, os vestiários são pequenos e sujos, há inexistência de roupas protetoras — quando existem, são de qualidade execrável — além de serviços médicos, sobrecarregados ou inexistentes" (ibidem, p.181).

É melancólico observar que um analista crítico da burocracia soviética do porte de Ernest Mandel tentou, *a posteriori*, justificar, no processo da Revolução Russa, o conjunto de medidas repressivas das bases que desembocaram no quadro atual, fundado na ignorância que haveria na época a respeito da implicação posterior das mesmas. Assim, em *A luta pela democracia socialista na União Soviética*,[2] diz ele:

> Hoje sabemos que era errado acentuar a repressão no momento em que a guerra civil tinha terminado; que era errado suprimir todos os outros partidos soviéticos em 1921 e assim institucionalizar um regime de partido único; que era errado proibir as frações no seio desse partido. Todas essas medidas, concebidas como temporárias em resposta a dificuldades imediatas, são marcadas por uma superestimação dos perigos imediatos da contrarrevolução, embora derrotada e dispersa, por uma subestimação das consequências desmoralizantes para a consciência e atividade do proletariado; por um clima político caracterizado cada vez mais pela repressão administrativa e cada vez menos pela participação consciente das massas. Não se podia sabê-lo, com certeza, naquela época. Sabemo-lo hoje.

Na realidade, enquanto se dava o processo da Revolução Russa, não faltaram autores que, na época, previram sua burocratização inevitável, devida não só à conjuntura específica em que ela se dera, mas também a motivos estruturais: uma concepção jacobina de partido e Estado definida como leninismo. Assim, o desconhecimento das observações críticas na época de

---

2 Lisboa, *Antídoto*, 1977, p.134.

Reflexões sobre o socialismo

Rosa Luxemburgo, Luigi Fabbril, Alexandre Berkman, Emma Goldman e da 1ª Oposição Operária em 1920, no plano teórico, e a repressão das práticas socialista-libertárias de um Makhno, na Ucrânia, e dos marinheiros de Kronstadt dariam uma colheita: o stalinismo. O melancólico é um adepto da dialética, como Mandel, negá-la num de seus elementos mais significativos como método de análise: a previsão dos acontecimentos. Ele troca o materialismo dialético, de que se diz divulgador, pelo agnosticismo, pelo desconhecimento das origens. Em suma, os membros do sindicato autônomo são continuadores dos operários que dirigiram a Revolução Húngara de 1956, quando estes admitiam "que a manutenção das conquistas revolucionárias só é possível nos quadros de uma organização democrática da vida política. Isso implica a rejeição de qualquer ditadura, seja fascista ou stalinista, e o respeito à liberdade de consciência e expressão".[3]

---

3 *Les Temps Modernes*, n.129/30/31, p.775.

Depoimentos[4]

Trabalhadores falam das represálias que sofreram por defenderem seus direitos: perderam o emprego, foram perseguidos e internados em hospitais psiquiátricos.

IANKEV, GABRIEL TIMOFEEVICH (habitante de Moscou, doqueiro e membro do Sindicato Livre):

Trabalhei como doqueiro na empresa Moskabel de Moscou. Fui demitido em novembro de 1975 por criticar a administração da usina. Atribuíram-me um trabalho mais penoso, com salário inferior. Como reagi a esse ato ilegal, fui demitido por "recusa ao trabalho", em 27 de fevereiro. Em 23 de maio, e na minha ausência, dois agentes da KGB penetraram nos meus aposentos. Além de jogarem na rua os objetos que encontraram, ainda confiscaram meu passaporte e minha carteira de trabalho. Em 27 de maio recebi meu passaporte de volta e, em 14 de junho, a minha carteira de trabalho com a ordem para deixar Moscou. Desde 27 de maio eu já estava pernoitando em estações, onde fui preso várias vezes pela milícia, junto com desocupados e delinquentes. Aos desocupados que inundam Moscou nada acontece, enquanto que a mim, um trabalhador honesto que viveu muitos anos na capital, se força a deixá-la.

Fui examinado por um psiquiatra. Em 2 de janeiro me jogaram numa cela, sob a ordem do psiquiatra de plantão, que esperava provocar em mim uma psicose. Fui libertado graças a uma ação coletiva do Sindicato Livre. Depois, fui novamente preso em 12 de março de 1978 em Moscou, no posto nº 70 da milícia, onde roubaram todos os meus documentos. Em 15 de março fui transferido para a prisão de Matroskaia Tichina, sob a acusação de violar o regime de passaportes (internos). O processo foi instruído sem que eu tivesse sido ouvido uma única vez. Em 16 de março iniciei uma greve de fome. Por isso, fui enviado ao hospital Serbski, que me declarou 'irresponsável' e recomendou minha transferência para

---

4 *Jornal da Tarde*, São Paulo, 22.12.1979. Caderno de Programas e Leituras.

Reflexões sobre o socialismo

um hospital psiquiátrico "civil" para tratamento forçado. Em 14 de julho me enviaram ao hospital psiquiátrico de Orel.

IZVEKOVA, VALENTINA NIKITICHNA (engenheira, habitante de Chernigev, na Ucrânia, e membro do Sindicato Livre):

Trabalhei como secretária do Comitê Executivo do Soviete de Deputados de Chernigov. Despediram-me em 1975, depois que denunciei as ações ilegais do presidente do Comitê Executivo, I.N. Chmakev, que, durante dez anos, utilizara o cargo em proveito próprio, especialmente para sua alocação de apartamentos, e também para obrigar suas colaboradoras V.G. Trouch, L.N. Tktach e L.L. Solomatina, a compartilhar seu leito. Passei quatro meses na prisão por dizer a verdade.

NIKOLAIEV, EVGUENI BORISSOVICH (habitante de Moscou, biólogo, trabalhou quatro anos no Instituto Pan-soviético para Informação Científica e Técnica e um ano no Instituto de Desinfecção e Esterilização. Membro do Sindicato Livre):

Em 1970, por recusar-me a um trabalho de pesquisa voluntário, em honra ao XXIV Congresso do PCUS, fui hospitalizado quatro vezes — até 1974 — pois, conforme declaração do psiquiatra, minhas opiniões sobre a sociedade soviética representam um perigo social.

FOUFAIEVA, ANNA SERGUEIEVNA (habitante de Ogoudnevo, região de Moscou; trabalhadora na usina V Centenário da URSS, de Friazinski; mãe de dois filhos e membro do Sindicato Livre):

Fui despedida por Kolmogorev, diretor da usina, por criticar a administração, responsabilizando-a pelas insalubres condições de trabalho e por não ter pago os salários durante muitos anos. Prenderam-me por dez dias sob a acusação de "ociosidade", quando eu já havia trabalhado durante 30 anos e recebera recompensas do Estado por meu trabalho consciencioso.

GAIDAR, NADEJDA IVANOVNA (habitante de Kiev, na Ucrânia; engenheira e membro do Sindicato Livre):

Em 6 de maio de 1976 fui internada no hospital psiquiátrico nº 13, onde me aplicaram injeções de aminazina.

GALIMOVA, SLOU ABDOUGALIMOVA (habitante de Ufa, República da Bachkíria; diretora de escola e candidata a membro do Sindicato Livre):

Fiquei cinco anos sem trabalho e fui perseguida pela polícia como vagabunda. Concluí que as leis soviéticas protegem a burocracia contra os trabalhadores. Com 13 anos de idade, durante a Grande Guerra, trabalhei pela pátria sem jamais conhecer férias. Nunca imaginei que, no fim de minha existência, ficaria sem trabalho. Não há a quem recorrer. Só me resta o suicídio.

KACHAPOVA, VENERA GADBOURA KHMANOVNA (habitante de Ufa, na Bachkíria; enfermeira do hospital ferroviário nº 1 de Ufa e membro do Sindicato Livre):

Morava com minha velha mãe num cômodo de oito metros quadrados. Meu pai morrera pela pátria em 1942. Durante dez anos prometeram-nos um apartamento. Fui forçada a sair do trabalho e, há dois anos, estou desempregada. Minha mãe morreu de tristeza em 24 de julho de 1976. Consegui uma entrevista com o procurador-substituto da URSS, A.S. Pankratev, que me chamou de prostituta e mandou internar-me num hospital psiquiátrico especial.

KOZLOVA, ELENA PETROVNA (engenheira, registrada em Voronej, na Rússia, mas, na verdade, sem domicílio; candidata a membro do Sindicato Livre):

Movida pelo desespero, depois que fui despedida, depositei minha reclamação no mausoléu de Lenin. Fui internada no pavilhão de doentes agressivos no hospital psiquiátrico nº 3. Libertada em 28 de junho de 1977, decidi abandonar a cidadania russa.

KRAVCHENKO, TATIANA IVANOVNA (habitante de Nikolaiev, na Ucrânia; economista e membro do Sindicato Livre):

Retida após assinar a carta aberta de 7 de novembro de 1977, permaneci três meses no hospital psiquiátrico de Nikolaiev. Graças a uma petição assinada por 62 pessoas e inúmeras cartas ao Comitê Central do PC e à imprensa, fui libertada.

MELENTIEVNA, MARIA PETROVNA (habitante de Alma-Ata; operária na fábrica de materiais de construção AKSM e membro do Sindicato Livre):

Meu trabalho é penoso e insalubre. Conforme a legislação soviética, tenho direito à aposentadoria aos 50 anos. De todas as instâncias a que me dirigia recebia informações com base em decretos de 20 anos passados, quando existe o Decreto n° 71.289, de 22 de novembro de 1972, que, em seu artigo 11, define minha profissão como insalubre com direito à aposentadoria que pleiteio. Trabalhei 27 anos nessa empresa, mas se, como fez meu marido, reclamar justiça, como ele sou posta na rua. Embora doente, continuo a sofrer e a suportar os insultos de Sokolev, presidente do Sindicato, que deveria defender os direitos dos trabalhadores. O meu não é trabalho para mulher. Possuo condecorações do Governo pelo trabalho, mas ninguém se preocupa com minha situação.

TRAVKINA, VERA LOGVINOVNA (habitante de Kiev; vendedora de jornais e membro do Sindicato Livre):

Ultimamente, trabalhava num quiosque em Sojouzpechat, em Kiev, mas fui demitida sem razão alguma. Recorri aos tribunais, aos procuradores, solicitei entrevista com a direção do Comitê Central do PCUS, mas não consegui nada. Nossos dirigentes colocaram entre eles e o povo um muro de kagebistas e milicianos. Participei da Grande Guerra Patriótica, fui tenente do Serviço Sanitário, socorri os feridos, possuo condecorações oficiais. Hoje, ninguém se interessa por mim e nutro um grande desgosto quando ouço falar da vida alegre e livre que existe entre nós.

NIKOLAI IEVGRAFEV (operário ucraniano, doqueiro em Slaviansk; por causa da guerra, não concluiu o curso primário. Na sua carta dirigida a todos os militantes dos partidos comunistas e socialistas do Ocidente, critica o pseudocomunismo asiático do Estado soviético que utiliza o marxismo como cobertura):

A moral burocrática que esmaga os indivíduos produz em série conformistas e cínicos. É o inevitável fruto do regime soviético, o resultado da concentração de poder nas mãos de uma *clique* partidária ou nas de um homem só. A finalidade do poder soviético é habituar as pessoas a comportamentos e pensamentos mecânicos, organizar suas ideias conforme estereótipos de forma que ninguém possa colocar em dúvida o caráter sagrado da ordem estabelecida. Tal poder funda-se no silêncio e sobre uma maioria aterrorizada. Possui enorme máquina de opressão moral e física, que mascara qualquer forma de protesto, seja político ou de qualquer outro tipo. As autoridades punem as sugestões, ideias e intenções com a exclusão do trabalho, prisão e deportação. Por isso, dirijo-me a vocês todos, comunistas e socialistas honestos que representam os trabalhadores, solicitando-lhes tomarem posição contra o pseudocomunismo asiático do Estado soviético, elevando sua voz para defender os direitos do homem na URSS, questionando o totalitarismo soviético para o qual o marxismo é uma cobertura.

Situação de alguns membros do Sindicato Livre[1]

Nome	Residência	Profissão	Status no Sindicato Livre	Situação
Ananson, Nikolai Arkadievich	Minsk (Bielo-Rússia)	operário	candidato a membro	
Antonova, Clara Petrovna	Kiev (Ucrânia)	engenheira		
Bakhereva, Nina Andrelevna	Sverdlovsk (Sibéria)	desconhecida	membro	
Balanyuk, Victor Matvelevich	Odessa (Ucrânia)	pedreiro	candidato a membro	hospital psiquiátrico especial de Dniepropetrovsk
Baletskaia, Vera Anatolievna	Makeievka (Ucrânia)	operária		
Barcho, Medjid Kazbouletovich	Krasnodarsky Kray (Extremo Oriente)	operário		
Barchougov, Alexandre Petrovich	Leningrado (Rússia)	desconhecida	membro	

1 Fonte: *Syndicalisme et libertés en Union Soviétique*. Paris, Maspéro, 1979. Esta lista engloba somente alguns membros da Oposição Sindical, especialmente os que transitaram ou transitam por hospitais psiquiátricos.

Continua

Nome	Residência	Profissão	Status no Sindicato Livre	Situação
Beketev, Nikolai Ivanovich	Krasnodarski Krai (Extremo Oriente)	operário	candidato a membro	
Beletskaia, Dina Alekseyevna	Nikolaiev (Ucrânia)	operária		
Bilechenko, Nikolai Makerovich	Frunze (Quirguízia)	engenheiro		
Bobrachtev, Ivan Petrovich	Sousoman (Extremo Oriente)	soldador		na prisão
Boletski, Vassili Anatolievich	Makeievka (Ucrânia)	operário		
Bondarets, Nadejda Ieremelevna	Nikolaiev (Ucrânia)	operária		detida no hospital psiquiátrico de Nikolaiev
Bortsova, Elena	Pevek (Extremo Oriente)	empregada de escritório		
Cherkasev, Mikhail Dimitrievich	Makeievka (Ucrânia)	mineiro		

Continua

Reflexões sobre o socialismo

Chernikova, Nadejda Illarionova	Stavropol (Cáucaso)	professora		na prisão
Chernyak, Iekaterina Ivanovna	Chernigev (Ucrânia)	operária		
Kosterine, Roman Mosseievich	Sovetsk (Rússia)	fotógrafa		na prisão
Kriouchkev, Nikolai Nikolaievich	Moscou (Rússia)	auxiliar de escritório	candidato a membro	na prisão
Kourakina, Nadejda Vassilievna	Volgogrado (Rússia)	desconhecida	membro	internada em hospital psiquiátrico
Maslev, Edouard Konstantinovich	Ojarei (Moscou)	professor		detido em hospital psiquiátrico de Moscou
Mouraviov, Nikolai Grigorievich	Taganrov (Rússia)	médico chefe		na prisão
Nosyrovka, Anastásia Mefodielevna	Nikolaiev (Ucrânia)	operária		detida no hospital psiquiátrico de Nikolaiev
Ostafiev, Serguei Vassilievich	Donetsk (Ucrânia)	aposentado		desde 1977, transitando nos hospitais psiquiátricos nº 7 e nº 13 de Moscou

Continua

Nome	Residência	Profissão	Status no Sindicato Livre	Situação
Ostrotova, Alisa Zakarovna	Voroshilovgrad (Ucrânia)	diretora de loja		tentativa de internação psiquiátrica
Popev, Ivan Ivanovich	Dniepropetrovsk (Ucrânia)	aposentado, antigo secretário regional do Partido		internado no hospital psiquiátrico de Dniepropetrovsk
Riakina, Zinaida Grigorievna	Frunze (Quirguísia)	professora		expulsa de Moscou após ser humilhada pela polícia
Savinkev, Alexandre Mikailovich	Makeievka (Ucrânia)	mineiro		encarcerado
Sidorova, Anna Stepanovna	Novgorod (Rússia)			internada três meses no hospital psiquiátrico n° 13 de Moscou
Soroka, Elena Moisseievna	Tarnopol (Ucrânia)	operária agrícola		três dias em hospital psiquiátrico
Stenkine, Ivan Ivanovich	Moscou (Rússia)	motorista		tentativa de hospitalização em novembro de 1977

Continua

Taran, Elena Alexeievna	Vinnitsa (Ucrânia)	operária		tentativa de hospitalização em 22 de julho de 1977
Chetverikova, Valentina Vassilievna	Makeievka (Ucrânia)	desconhecida	secretária	
Cheverev, Vitaly Serguéievich	Moscou (Rússia)	auxiliar de escritório	candidato a membro	preso com Klebanev em 10 de fevereiro de 1978
Davidova, Natália Dimitrievna	Komi (Azerbaidjão)	agente de seguros	membro	
Estova, Lloudmilla Tikovna	Klimovsk (Moscou)	operária	candidata a membro	
Faizine, Rif Amirovich	Kalinine (Rússia)	desconhecida	membro	
Fazikanev, Mamed Mamedovich	Kazan (Rússia)	soldador	candidato a membro	internado duas semanas no hospital psiquiátrico n° 7 de Moscou
Filipev, Leonid Ivanovich	Makeievka (Ucrânia)	mineiro		
Gavrilenko, Victor Malkailovich	Lvov (Ucrânia)	professor		detido no hospital psiquiátrico especial de Dniepropetrovsk

Continua

Nome	Residência	Profissão	Status no Sindicato Livre	Situação
Garagan, Gligori Iosefovich	Kaliningrado (Moscou)	operário		internado no hospital psiquiátrico nº 7 de Moscou
Gravrilev, Ivan Iegorevich	Petropavlovsk-Kamchatski (Extremo Oriente)	auxiliar de escritório		internado no hospital psiquiátrico de Nikolaiev
Ionkine	Voronej (Rússia)	inválido de guerra	candidato a membro	internado em hospital
Kilarichkova, Maria Mikailovna	Nikolaiev (Ucrânia)	aposentada		internada no hospital psiquiátrico de Nikolaiev
Kimayeva, Ana Alexandrovna	Sverdlovsk (Rússia)	contadora		internada no hospital psiquiátrico de Mechtentorski
Vats, Ana Mosseievna	Roven (Ucrânia)	operária agrícola		três dias em hospital psiquiátrico de Moscou
Zassinov, Dimitri Iakovich	Iujno-Sakalinsk (Extremo Oriente)	gerente de loja		estadia em hospital psiquiátrico de Moscou

Glossário

Autogestão — É o controle direto dos meios de produção pelos produtores auto-organizados em comitês de fábrica, comitês interfábricas, federação ou confederação de comitês. Significa a integração do nível econômico com o político através do controle operário da produção e da democracia direta, substituindo, assim, o tecnocrata administrador e o político profissional da democracia representativa. Momentos históricos de autogestão foram a Comuna de Paris (1871), a Revolução Russa de 1917, a revolução camponesa na Ucrânia (1918-20), a Guerra Civil Espanhola (1936-39).

Burocracia — Nesta obra, o termo significa a camada dominante que possui privilégios e imunidades acima do homem comum e exerce o poder econômico pelo controle dos meios de produção através do Estado (exemplos: URSS e países do Leste Europeu) e pelo controle político através do partido único (o PC). No sentido comum é entendido como uma hipertrofia de controle através de papéis que dificultam o processo de comunicação nas instituições.

Coletivismo — O termo aparece em 1869, por ocasião do Congresso da Basileia da Associação Internacional dos Trabalhadores, quando é adotado o princípio da apropriação coletiva do solo. No Congresso de Lion do Partido Socialista Francês, Ballivet, um mecânico lionês, apresenta uma moção convidando "todas as associações operárias a estudar os meios para colocar em prática os princípios da propriedade coletiva do solo e dos instrumentos de trabalho". Em 1880, o congresso de Marselha, reunido em torno do princípio "a terra ao camponês, a ferramenta ao operário", adota uma resolução em que é enunciada como "principal finalidade a coletivização do solo e do subsolo, dos instrumentos de trabalho, das matérias-primas, à disposição de todos, retornando à sociedade a que pertencem". Posteriormente, o termo foi abandonado, sendo substituído por **socialismo** e **comunismo**, como sinônimos.

Comissão Trilateral — Formada por representantes dos Estados Unidos, Alemanha e Japão. Procura uma nova fórmula de adaptação do capitalismo à realidade do mundo moderno, assessorando governos que reforçam a chamada economia de mercado, por mais contraditório que isso possa ser.

Cooperativismo — No regime capitalista, as cooperativas de trabalho criadas pelos trabalhadores, por exemplo, representam uma ruptura com ele, embora reproduzam seus defeitos. Nelas, os trabalhadores são os capitalistas, os proprietários dos meios de produção utilizados à custa do próprio trabalho. No contexto geral, dependem do mercado capitalista e estão sujeitas à acumulação de capital como qualquer unidade produtiva sob o capitalismo. Quando expressa realmente a supressão da propriedade privada, a cooperativa tem sido vista por algumas tendências do movimento operário como forma de transição do capitalismo ao socialismo.

Estatismo — É a corrente que luta para que os meios de produção passem às mãos do Estado, após o desaparecimento da propriedade privada. Tem raízes na Alemanha, com Rodbertus, Friedrich

Reflexões sobre o socialismo

List, chegando a Stalin, para quem estatização dos meios de produção é sinônimo de socialização dos meios de produção. Já no século passado, Engels advertira sobre o perigo de tal identificação, salientando que a passagem dos meios de produção de mãos privadas para o Estado significava "a transformação do Estado como capitalista coletivo ideal em capitalista coletivo real". O objetivo último do estatismo é a criação de um capitalismo de Estado em que a burocracia aparece como dirigente, convertendo o Estado em sua propriedade privada.

Friedrich Ebert — Integrante da ala direita do Partido Social-Democrata Alemão e primeiro presidente da República Alemã após a Primeira Guerra Mundial (1914-1918), salientou-se pela repressão a Liebknecht e Rosa Luxemburgo e à revolução socialista no seu país.

Internacionalização das relações capitalistas de produção — As relações capitalistas de produção são fundadas na relação capital e trabalho onde o salário é a forma principal de remuneração pelo trabalho e o trabalhador se mantém afastado da propriedade ou posse dos meios com que trabalha. A difusão dessas relações implica a sua internacionalização, como é exemplo a presença do Fundo Monetário Internacional gerindo a economia e as finanças de muitos países hoje em dia.

Karl Liebknecht — Filho de Wilhem Liebknecht, um dos fundadores do Partido Social-Democrata Alemão. Deputado no Reichstag (Parlamento) na Alemanha, salientou-se ao votar contra os créditos de guerra solicitados pelo governo para sua aventura imperialista. Participou com Rosa Luxemburgo da revolução socialista alemã de 1918, e foi assassinado por oficiais do exército alemão.

Leningrado — Até 1914 chamou-se São Petersburgo; de 1914 a 1924, Petrogrado; e de 1924 em diante, Leningrado.

Mutualismo — Corrente que pretende organizar os trabalhadores para contrapô-los ao processo de produção capitalista, por meio de associações de apoio mútuo ou caixas de resistência fundadas na contribuição individual.

Revolução política — É aquela que não altera as estruturas econômico-sociais do país, mas os homens ou os partidos que dispõem do poder.

Revolução social — É aquela que não só altera os homens no poder do Estado, mas também pressupõe uma alteração nas formas de propriedade. Como exemplo, temos a Revolução Francesa que substituiu a propriedade feudal pela burguesa: ela alterou a estrutura econômica, social e política da Europa, difundindo-se também pelo mundo.

Socialismo — Nos textos de Marx e Engels (*Manifesto do Partido Comunista*, cap.3), designa o conjunto de doutrinas críticas à sociedade capitalista. Em textos posteriores, passou a designar as correntes ideológicas e movimentos políticos da classe operária. Somente após 1890 é que passaria a designar a propriedade coletiva dos meios de produção. Para Lassalle e outros adeptos, designa o processo de estatização dos meios de produção; para Saint-Simon significa o desaparecimento do Estado, e para Robert Owen é sinônimo de cooperativismo. Mas socialismo significa antes de tudo a apropriação coletiva dos meios de produção pelos produtores, porém não se restringe a isso. Segundo Rosa Luxemburgo: "A essência da sociedade socialista reside nisso: a massa trabalhadora deixa de ser uma massa que somente é governada, para viver ela própria a vida política e econômica na sua totalidade, orientando-a por uma determinação consciente e livre. O idealismo mais nobre fundado no interesse comunitário, a autodisciplina mais estrita, e um verdadeiro sentido cívico constituem o fundamento moral da sociedade socialista, como a passividade, o egoísmo e a corrupção constituem o fundamento moral da sociedade capitalista".

Referências bibliográficas

AVRICH, P. *Kronstadt*. São Paulo: Brasiliense, 1985.

BERGER, Claude. *L'association:* l'anti-Lenine. Paris: Payot, 1974.

BERNARDO, João. *O Comecon e a crise mundial*. Lisboa: Contra-a-Corrente, s.d.

_____. *Para uma teoria do modo de produção comunista*. Porto: Afrontamento, 1975.

BRAVERMAN. *Trabalho e capital monopolista*. Rio de Janeiro: Zahar, 1977.

BRICIANER, S. *Pannekoek et les conseils ouvriers*. Paris: EPI, 1969.

BROUÉ, Pierre. *A primavera dos povos começa em Praga*. São Paulo: Kairós, 1979.

BRUNO, Lúcia. *O combate pela autonomia operária* (em Portugal). São Paulo, 1985. Dissertação (Mestrado) – Pontifícia Universidade Católica.

BRUPACHER, F. *Bakunin*, Paris: Ed. du Cercle, s.d.

CHAUÍ, M. S. O assassinato de Margarida Alves. *Folha de S.Paulo*, São Paulo, 22 ago. 1983. p.2.

CLAUDIN, F. *A oposição no "socialismo real"*. Rio de Janeiro: Marco Zero, 1982.

COLE, G. H. *História del pensamiento socialista*. México: Fondo de Cultura Económico, 8 v., 1975.

ENGELS, F. Introdução. In: Marx, K. *A guerra civil em França*. s.n.; s.l.: 1871.

FRANK, P. *Histoire de la Quatrième Internationale*. Paris: Maspéro, 1970.

GUILHERM, A. *Autogestão: mudança radical*. Rio de Janeiro: Zahar, 1976.

HARASZTI, Miklos. *Le salaire aux pièces*. Paris: Seuil, 1976.

KOLLONTAI. A. *L'Opposition Ouvrière*. Paris: Seuil, 1974.

LOUIS, P. *Histoire de la pensée socialiste*. Paris: M. Rivière, s.d., v. 1.

LUXEMBURGO, Rosa. *Marxisme contre dictature*. Paris: Spartacus, s.d.

MAKHNO, N. *La révolution ukrainienne*. Paris: Belfond, s.d.

_____. *La Révolution Russe en Ucranie*; 1918-21. Paris: Belfond, 1970.

MARGLIN, S. *Sobre a divisão capitalista de trabalho*. Lisboa: Escorpião, 1974.

MANDEL, E. *Critique de l'euro-comunisme*. Paris: Maspéro, 1974.

MEHRING, F. *Karl Marx*. Buenos Aires: Claridad, s.d.

MICHELS, R. *Os partidos políticos*. São Paulo: Senzala, s.d.

MOTTA, Fernando P. *Proudhon*: burocracia e autogestão. São Paulo: Brasiliense, 1981.

MORROW, Felix. *Revolução e contrarrevolução na Espanha*. Lisboa: Delfos, 1975.

OLIVIER, Philippe. *Les Temps Modernes*: nouveau fascisme, nouvelle démocratie. n.310, 1972.

PANNEKOEK, A. *A luta operária*. Coimbra: Centelha, 1977.

PEIRATS, José. *La CNT en la Revolución Española*. s. 1.: Ruedo Iberico, 1971. 3v.

POULAIN, J. *A social-democracia na atualidade*. Rio de Janeiro: Civilização Brasileira, s.d.

RADICE, Lombardo. *Um socialismo a inventar*. São Paulo: Brasiliense, 1981.

SANTILLAN, Diego Abad de. *O organismo econômico da revolução*. São Paulo: Brasiliense, 1980.

SEMPRUN, J. Del frentismo al euro-comunismo. *El Viejo Topo*, p.37, jul. 1978.

SEMYONOVA. *Syndicalisme et libertés en Union Sovietique*. Paris: Maspéro, 1979.

TRAGTENBERG, Maurício. *Burocracia e ideologia*. São Paulo: Ática, 1980.

TROTSKI, L. *História da Revolução Russa*. Rio de Janeiro: Civilização Brasileira, 3 v., 1977.

VV.AA. *Fiat 42 dias de greve*. s.n.: Rio de Janeiro, 1981.

SOBRE O LIVRO

Formato: 14 x 21 cm
Mancha: 23 x 44,5 paicas
Tipologia: Iowan Old Style 10/14
Papel: Off-set 75 g/m² (miolo)
Cartão Supremo 250 g/m² (capa)
8ª edição: 2008
1ª reimpressão: 2012

EQUIPE DE REALIZAÇÃO

Edição de Texto
Maria Silvia Mourão (Preparação de originais)
Alberto Bononi (Revisão)
Casa de Ideias (Atualização Ortográfica)

Editoração Eletrônica
Casa de Ideias (Diagramação)

Impressão e acabamento